中学受験国語

記述問題の徹底攻略

改訂版

若杉朋哉　著

はじめに

中学受験をするお子さんの中には、国語の記述問題が苦手だというお子さんがとても多いようです。いや、そもそも、記述問題が得意だというお子さんは皆無といってよいくらいではないでしょうか。

彼ら曰く、

「何を書いたらいいのか、わからない」

「どうやって書いたらいいのか、わからない」

ということらしいのです。

ですから、記述問題と聞くだけでいやな顔をします。

テストでも、記述問題の解答欄には何も書いていないとか、書かれていても得点がほとんどついていないとか、そういうことがざらにあります。

ですからますます

「記述問題は苦手」

「記述問題なんて大きらい」

になってしまいます。

しかし、考えてみますと、これは至極もっともなことではないでしょうか。

そもそも彼らは、「何を書いたらいいのか」「どうやって書いたらいいのか」という記述問題の根本的なことすら教わったことがないのです。

中学受験をするお子さんのほとんどは塾に通っています。中には家庭教師に習っているお子さんもいるでしょう。

ところが、その塾や家庭教師の先生に、記述問題の「何を書いたらいいのか」「どうやって書いたらいいのか」を本当に習っているのでしょうか。

すべてとは言いませんが、塾や家庭教師の先生の多くは、国語の記述問題の書き方を生徒たちに明確に教えることができずにいると私は思います。

なぜでしょう。

それは、その先生方も、国語の記述問題の書き方をどこでも習ったことがないからです。すなわち、先生方も「何を書いたらいいのか」「どうやって書いたらいいのか」がはっきりとわからないのです。

しかし、考えてみると、これはとても不思議なことではないでしょうか。

中学受験の国語で、記述問題が出題されない学校はほとんどないといっていいでしょう。

にもかかわらず、国語の記述問題の書き方は、先生にも、生徒にも、はっきりとよくわからないのです。

算数に例えると、どの学校でも出題されるような「速さの問題」を教えないことがあるでしょうか。あるいは、「割合の問題」を教えないことがあるでしょうか。または「植木算」でも「鶴亀算」でも何でも構いませんが、そうした問題の解き方をはっきりと教わらないなどということがあるでしょうか。

こうした状況を考えてみますと、いかに国語の記述問題を取り巻く状況が特殊かがおわかりいただけると思います。

現実を見てみましょう。

中学受験の国語で、記述問題を出題しない学校はほとんどないといっていいくらいであり、国語の記述問題を避けて通ることはできません。それどころか、国語の入試問題のすべてが記述問題という中学も少なくありません。

ところが、学校ではもちろん、塾や家庭教師でも明確な書き方を教わらない。おまけに、市販の参考書類を見ても、記述問題の解き方を本格的に扱ったものは多くありません。記述問題に困っているお子さんは、自分の解答と模範解答がいかにかけはなれているかに戸惑い、とりあえず模範解答を赤ペンで丸写しをしてなんとなくわかった気になっているだけ。もちろん、そんなことをしても何の学習効果もありません。

今回、私が本書を書こうと思ったきっかけはそのようなところにあります。


本書で私が目指すことはたった一つです。

それは、本書を読んだお子さんが、

中学受験国語の記述問題で、

「何を書いたらいいのか」

「どうやって書いたらいいのか」

を理解し、解答をすらすら書けるようになること。


これだけです。

そのために本書では、中学受験国語で出題される記述問題をパターン分けして、ひとつひとつのパターンについて書き方をわかりやすく解説しています。

もっとも、こう書きますと、

「パターンに当てはまらない問題だってあるでしょう。それはどうするの？」

と思われる方もいらっしゃるに違いありません。

それはもっともなことです。

もちろん私も、すべての記述問題が本書のパターンに必ず当てはまるとは考えておりません。記述問題といっても実にさまざまです。実際、本書のパターンでほとんどの記述問題には対応できますが、中にはパターンに当てはまらないものも皆無とはいえないでしょう。

ただ、こう考えてみてはいかがでしょうか。

記述問題が苦手なお子さんたちは、そもそも「何を書いたらいいのか」「どう書いたらいいのか」がわからないわけですね。ですから、まずは記述問題の代表的なパターンの書き方を身につけ、パターンで書けるものはパターンで書ければそれでよろしい。パターンで書くうちに記述問題の対応力はぐんと上がっていきます。ですから、もしパターン以外の問題が出た場合にも、パターンで身につけた書き方を利用すれば十分対処が可能だと思います。

さて、終わりになりますが、参考書は得てして、教える側からの一方的な説明に終始してしまいがちです。そして教える側からすれば明快に、論理的に説明しているつもりでも、それが生徒にとってわかりやすいかというと、必ずしもそうではないのです。生徒にとって何より必要なのは、正解までのプロセスにおいて、「なるほど、これなら書けるぞ！」という納得感ではないでしょうか。そしてそれは、「何を書いたらいいのか」「どう書いたらいいのか」がわかると同時に、それを書くために「どう頭を働かせればよいか」が納得できるということなのだと思うのです。

そのため本書では、記述問題が苦手なトモヤ君という生徒に登場してもらい、若杉先生とトモヤ君との対話形式の模擬授業を通して、読者に記述問題の書き方を身につけてもらうというスタイルをとっています。授業を通してトモヤ君も成長していきます。ぜひトモヤ君と一緒に、あるいはトモヤ君になったつもりで授業を受け、考え、力をつけてください。

本書『中学受験国語　記述問題の徹底攻略』が、記述問題に苦戦している中学受験生たちの役に立つことができれば幸いです。

二〇一九年　初夏

若杉朋哉

本書の効果的な使い方

「はじめに」で述べたように、本書の目的は、中学受験国語の記述問題で、「何を書いたらいいのか」「どうやって書いたらいいのか」を理解し、解答をすらすら書けるようになることです。そのためにはまず、本書の〈第一章　記述問題の準備編〉と〈第二章　記述問題・パターン別の書き方〉を熟読してください。そしてその中に出てくる〈解答のルール〉と〈傍線部のルール〉、さらには「四つのパターン別の記述問題の書き方」を理解してください。ここまでを十分に身につけることが大切です。あやふやな場合は先に進まず、再読して復習することをお勧めします。

次に〈第三章　練習問題編〉ですが、これは実際の中学入試問題を用いた【練習問題】と、その【解説】・【解答】から成り立っています。【解説】や【解答】を読む前に、実際に【練習問題】をノートなどに解き、それをもとに【解説】【解答】を読んでください。この章は、若杉先生とトモヤ君の授業形式で進められています。一緒に授業を受けているつもりで学んでください。

第三章で特に意識してほしいことは、次の三点です。

（1）四つの記述パターンを自分で判断できるか

（2）四つの記述パターンのそれぞれの書き方の手順に従って書けているか

（3）〈解答のルール〉と〈傍線部のルール〉を使えているか

これらがあやふやな場合には、第三章の解説を再度読み、（1）～（3）の習得に努めましょう。

そして第三章までを一通り終えた後には、本書で学んだことを普段の学習の中で実際に使ってみてください。本書を読んで「わかる」ことと、実際の問題で「できる」ことは全く違います。実際の問題の中で「できる」ようになってこそ、本書を読んだ意味があるのです。

目次

第三章 練習問題編

第一章 記述問題の準備編

1 本文主義（答えの手がかりは本文にあり）

若杉先生：こんにちは。これから記述問題の勉強を始めます。目標は、

中学受験国語の記述問題で、
「何を書いたらいいのか」
「どうやって書いたらいいのか」
を理解し、解答をすらすら書けるようになること。

そして最終的には、受験校の記述問題で合格解答が書けること。それだけです。

トモヤ君：先生、よろしくお願いします。

若：さて、トモヤ君。はじめに、国語の読解問題で一番大切なことを話そう。それは、

答えの手がかりは本文にある

ということだね。

ト：？？？

若：詳しく説明するよ。国語の読解問題には、「記号選択問題」や「抜き出し問題」、「記述問題」など、さまざまな設問の形式があるね。でも実は、問われているのはたったの一つのことなんだ。それは、「本文中にどう書いてあるかを正しく読み解けますか」ということ。つまり、国語の読解問題とは、「本文中に答え（の手がかり）がありますよ。それを読み取ってくださいね」という、問題作成者からの問いかけなんだね。だから、**自分（解答者）が本文を読んでどう思ったかという、自分の考えや感想を解答に交えてはいけないんだ。自分勝手な思い込みは間違えのもとになる。**あくまで、「本文にどう書いてあるか」を根拠に解答を作らなければならないんだね。

ト：でも、学校の国語の時間には、「自分の考えを書きなさい」っていう問題がよくありますよ。国語って、自分の

考えを書くものではないんですか。

若：トモヤ君、これはよく覚えておいてほしいんだけど、受験国語の読解問題というのは、受験者一人一人の意見や考え方の良し悪しを評価するものではないんだよ。

ト：どういうことですか？

若：だってね、テストであるからにははっきりと正答があって、それを基準に得点をつけるわけだろう？　たとえば、算数の問題では答えが一つに決まっているよね。その答えを解答できれば正解だし、解答できなければ不正解になる。つまり、テストというのは、正答がはっきり決まっているから採点ができるわけだ。

ト：そんなの当たり前じゃないですか。だって、正答がいくつもあったら、テストにならないもの。

若：そうだろう？　国語だって同じだよ。この意見も正しい、この考えも悪くないなんてやっていたら、テストにならないよね。あるいは、こうも考えることができる。人の意見や考えに得点をつけるときに、問題作成者（または採点者）の気に入った意見・考えならば正解で、気に入らない意見・考えは不正解になったとしたら、どうする？　これはもう、テストでもなんでもないよね。

ト：でも先生、国語に一つの正解なんてあるんですか？

若：もちろんあるよ。さっきも説明したように、正解がはっきりこれと決まっていなければ、それはテストとして機能しないだろう？　テストであるからには、それに得点をつけて評価するには、正解や不正解の、明確な基準がなければならないんだ。

ト：国語に、正解や不正解の明確な基準なんてあるんですか？

若：いいことを聞いてくれた！　国語の読解問題の正解・不正解の基準、それが本文だよ。**国語の読解問題では、「本文にどう書いてあるか」が正答の唯一の基準なんだ。つまり、本文に書いてあれば正しい、書いてなければ正しくない。**

ト：でも先生、本文に書かれていることと自分の意見や考えが違うことだってあるじゃないですか。

若：それはもちろんあるだろうね。「この筆者の意見には納得できない」とか、「自分はそんなふうには考えない」と思うことはあると思うよ。でもね、トモヤ君。自分の意見や考えは作文などで書けばよろしい。受験国語の読解問題は、あくまで本文にどう書いてあるかを正しく読み取る力を試しているんだ。だから、自分がどう思うかなんてことは国語の読解問題に持ち出さないようにしなくてはいけない。あくまで国語の読解問題では、**「本文にどう書いてあるか」をもとに解答を作っていく**という姿勢を忘れないで欲しい。そしてこのことを、本書では**「本文主義」**と呼ぶことにする。

ト：本文主義かぁ……。先生、慣れるまで、なんとか頑張ってみます！

若：トモヤ君、期待してるよ。

2 短く分けて考える

若：トモヤ君、国語の記述問題が苦手だというけど、ちょっとこの問題を考えてみようか。

【例題1】文句を言っても仕方がないので僕は黙っていた。

【問】傍線部「僕は黙っていた」とありますが、なぜですか。

ト：先生、馬鹿にしないでくださいよ。これくらい簡単ですよ！　答えは〈文句を言っても仕方がないから。〉でしょう。

若：正解！　でもね、馬鹿にしているわけではないんだよ。こっちは大真面目なんだ。

ト：え、どういうことですか？

若：次の問題はどう？

【例題2】クラス全員が賛成に手を挙げていた。もしかするとその中には、僕と同じく、密かに反対の人がいたのかもしれないが、それはわからない。僕は先生の方をちらりと見た。しかし、幸いなことに、先生は僕のその視線に気づかなかったようだ。僕は恥ずかしかった。けれど自分だけが反対してどうなるものでもないと考えた。それはそうなんだろう。だから、半ばあきらめ、自分の行動は間違っていたかもしれないと後

> 悔しつつも、文句を言っても仕方がないので僕は黙っていた。僕は再び先生の方をちらと見た。先生と目が合ったら僕はどんな顔をしただろう。後になってそんなことを考えたが、目は合わなかった。そのとき僕は確かに、手を挙げていた。

【問】傍線部「僕は黙っていた」とありますが、なぜですか。60字以内で書きなさい。

ト：う〜ん。

若：さっきよりも難しくなったね。

ト：何となくはわかる気がしますが、すぐにはパッと答えが出ません。

若：そうだろう。そこでね、【例題1】と【例題2】では、何が違うかな？ どう変わった？

ト：文章が長くなりました。

若：そうだね。他には？

ト：【問】に字数制限がついて……答えるべきことも長くなりました。

若：すると、文章が長くなり、答えるべきことも長くなった。つまり、「長くなった」から難しくなったと感じたんだね。

ト：たぶんそうだと思います。

若：国語の記述問題の難しさにはいろいろな要素がある。そもそも文章の内容が難しいとか、使われている語彙が難しいとか。ただその中ではっきりしていることは、いまトモヤ君が感じたように、「長い」と難しく感じるということだと思う。実際に難しいかどうかは別問題だったりするんだけど、少なくとも、「長い」と難しく感じるんだ。文章が長かったり、答えるべきことが長かったりするとね。

ト：確かに、それはそうだと思います。

若：するとね、逆に言えば、短ければ簡単に感じるということだね。いや、これも実際に簡単かどうかはわからないよ。ただ、短い方が簡単に感じることは確かだと思う。で、その簡単に感じることが大事なんだ。簡単に感じれば、なんだかできそうな気がするだろう？　少なくとも、「わからない！」となって、あきらめたり、投げ出したりはしない。

ト：でも、問題文の本文を勝手に短くすることなんてできないですよね？

若：それはそうだ。問題文の本文が長いからといって、解答者はそれを短くはできない。ただし、**短く分けて考えることはできる**。

ト：？？？

若：トモヤ君は【例題1】が簡単だと思ったね。それは本文も答えも短かったからだ。でもね、【例題2】の問いが「15字以内で書きなさい。」だったらどうだろう？

ト：たぶん……〈文句を言っても仕方がないから。〉（15字）と答えると思います。

若：そうだろう？

ト：え、どういうことですか？

若：「僕が黙っていた」のはなぜなのか、それを一気に60字で書こうとするから難しくなる。さっきみたいに**短く考えれば難しくない**ということさ。

ト：……。

若：**まずは短く分けて考える**。〈文句を言っても仕方がないから。〉（15字）みたいに。それから次の段階として、「僕が黙っていた」理由として他に考えられることを、本文からいくつか見つける。このときもひとつひとつは短く分けて考えればいいよ。ちょっとやってみようか。トモヤ君、「僕が黙っていた」と考えられる理由を他にも見つけて、書き出してみよう。

ト：はい。たぶん、こんなところだと思います。

（ア）クラス全員が賛成に手を挙げていた（16字）

（イ）自分だけが反対してどうなるものでもないと考えた（23字）

若：うん。それぞれの部分はそんなに長くない。これくらいなら見つけるのは難しくないね。では、〈文句を言っても仕方がないから。〉を文末にして、この（ア）と（イ）をその前にうまくつなげて解答を作ってごらん。

ト：はい。――先生、できました。こんな感じでどうですか？

〈クラス全員が賛成に手を挙げる中で、自分だけが反対してもどうなるものでもなく、文句を言っても仕方がないと思ったから。〉（57字）

若：おお！　いいじゃないか！　長めの記述問題を書くコツは、**短く分けて考えて、つなぎ合わせる**ということだね。

ト：はい、ありがとうございます！　**「短く分けて考えて、つなぎ合わせる」**か……。先生、これならそんなに難しくないですね。

若：そうだろう？　**同じ問題でも、短く分けて考えることで簡単に感じられるし、理解もしやすくなる。**トモヤ君、この短く分けて考えることをいつも意識してやっていこう。

3 解答のルール

若：記号選択問題では、「ア」とか「イ」とか、とにかく正しい記号を解答欄に書けば、「ああ、この生徒はこの問題がわかっているんだな」と、採点者に伝わるね。ところが、記述問題ではそう簡単にはいかない。「私は（僕は）この問題がちゃんとわかっています」ということを、採点者に文章で伝えなければならないからだ。つまり、記述問題の解答は何よりもまず、採点者に伝わる文章でなければならないということだね。したがって、記述問題で最も大切なことは、

わかりやすい解答を書く

ということだ。

ト：（なんだか当たり前のような気もするけどな……）

若：ん？　何かな？

ト：いえ、なんでもありません！――でも先生、そもそも「わかりやすい解答を書く」って、どういうことですか？

若：そうだね、もう少し詳しく言うと、

本文を読んだことがない人にも意味の通じる解答を書く

ということだね。では、どんなところに注意すればその「わかりやすい解答」が書けるのか？　特に心がけたいポイントを〈解答のルール〉として四つ挙げておこう。

〈解答のルール①〉主語・述語・目的語のわかりやすい文にする

【例題1】桃太郎が今したいことは、鬼ヶ島の鬼を退治したいということです。

【解　説】これは主語と述語が一致していない文のかなり極端な例だけれど、実はこういった解答を書く生徒はとても多いんだ。この場合、主語と述語をわかりやすくするために、（1）「桃太郎は～退治したいのです」または、（2）「桃太郎が今したいことは～退治することです」のいずれかで書くといいね。

【修正例】（1）桃太郎は今、鬼ヶ島の鬼を退治したいのです。

（2）桃太郎が今したいことは、鬼ヶ島の鬼を退治することです。

【例題2】おじいさんとおばあさんは、桃太郎が、鬼が悪事を働いていることついて説明したことを理解した。

【解　説】主語が複数あり、述語が入り乱れているからわかりづらい。その理由は、「おじいさんとおばあさんは～理解した」「桃太郎が～説明した」という主語・述語が離れていて、その中に「鬼が悪事を働いている」という主語・述語が入り込んでしまっているからだ。それを解消するには、「おじいさんとおばあさんは～理解した」「桃太郎が～説明した」「鬼が悪事を働いている」という主語・述語関係を近づけてあげるとわかりやすい文になるよ。

【修正例】鬼が悪事を働いていることについて桃太郎が説明したことをおじいさんとおばあさんは理解した。

【例題3】桃太郎はきびだんごをやって、犬と猿とキジは家来になって、船に乗って鬼ヶ島に行った。

【解　説】これはいろいろとややこしいね。一文の中に「桃太郎」と「犬と猿とキジ」という二つの主語があるから、「船に乗って鬼ヶ島に行った」のが誰なのかがわかりづらくなっている。つまり、**誰の視点で書かれた文なのか、そこが混乱している**んだね。一つの解決策は次のように、「桃太郎」を主語にした文として書くこと。「犬と猿とキジ」は**目的語（「～を」「～に」に当たる言葉）**として処理しよう。また、「～って」が連続するからそこもうまく解消したいね。

【修正例】（1）桃太郎はきびだんごをやった犬と猿とキジ**を**家来にして、船で鬼ヶ島に行った。

（2）桃太郎は犬と猿とキジ**に**きびだんごをやって家来にし、船で鬼ヶ島に行った。

【解　説】もう一つの解決策は、「桃太郎」「犬と猿とキジ」を主語にした部分は残しつつ、「船に乗って鬼ヶ島に行った」のが誰なのかもわかるように、主語を補うこと。ここでも「～って」の連続は解消しないとね。

【修正例】（3）桃太郎はきびだんごをやって、犬と猿とキジは家来になり、**桃太郎とその家来たちは**船に乗って鬼ヶ島に行った。

〈 解答のルール② 〉 指示語・比喩・わかりにくい表現は具体化して言いかえる

【例題4】玉手箱をもらっても、絶対にそのふたを開けてはいけない。それによって恐ろしい煙が出てきて、老人になってしまっては取り返しがつかないからだ。

【問】「取り返しがつかない」とはどういうことを指していますか。

【解　説】これを次のように解答したらどうだろう。

〈**それ**によって恐ろしい煙が出てきて、老人になってしまうこと。〉

この解答のままでは、指示語「それ」が何を指しているのかわからない。だから「わかりやすい解答」とは言えないね。したがってこういう場合、解答に含まれる伝わりにくい表現・指示語は言いかえなければならない。指示語「それ」は何を指しているのかを本文中から考えてみると、〈玉手箱のふたを開けること〉だとわかるね。よって、これを指示語「それ」に当てはめればいい。すると、次のようになる。

〈**玉手箱のふたを開ける**ことによって恐ろしい煙が出てきて、老人になってしまうこと。〉

こんなふうに、そのままでは伝わらない指示語は、それがどんなことを指すのかを具体的に言いかえて解答にしよう。右の文を少し整えると、次のような解答例が得られるよ。

【解答例】玉手箱のふたを開けると恐ろしい煙が出てきて、老人になってしまうこと。

【例題5】浜辺に行くと、子供たちが亀をいじめていた。しかし僕はそれを止める勇気がなかった。そこへ浦島太郎がやってきて、亀を助けた。その様子を僕は岩かげからこっそり見ていた。何もできなかった僕は、穴があれば入りたい気持ちだった。

【問】このときの「僕」の気持ちを簡単に説明しなさい。

【解　説】この解答を次のように書いたらどうだろう？

〈穴があれば入りたい気持ち。〉

本文には確かにそう書いてあっても、当然のことながら、実際の穴に「僕」が入るわけではないね。するとこれは、比喩表現（慣用句）を使った解答ということになる。こういう場合、**比喩は一般的なわかりやすい言葉に言いかえて答えなければいけない**。「穴があったら入りたい」とは、身を隠したいほど恥ずかしいという意味だね。

よって正しくは次のような解答になる。

【解答例】身を隠したいほど恥ずかしい気持ち。

〈解答のルール③〉具体例は抽象化して言いかえる

【例題6】竜宮城で暮らして三年が経った、ある春の日のことだった。浦島太郎はふと故郷の父と母のことを思い出した。すると、なつかしい父と母の姿が目に浮かんできた。そして、両親は自分がいなくなってからも元気で暮らしているだろうかと考えると、急に故郷へ帰りたくなったのだった。

【問】浦島太郎はなぜ、急に故郷へ帰りたくなったのですか。25字前後で説明しなさい。

【解　説】本文に「なつかしい父と母の姿が目に浮かんできた。そして、両親は自分がいなくなってからも元気で暮らしているだろうかと考えると」とあるので、これをなるべくそのまま使って解答にすれば次のような解答が得られるね。

〈なつかしい父と母の姿が目に浮かび、両親は自分がいなくなってからも元気で暮らしているだろうかと考えたから。〉（52字）

字数制限を満たさないから、これは本問の正解としてはふさわしくないけど、字数制限さえなければ解答として間違いではない。ただ、実際の入試問題では、右のような「具体例をそのまま抜き出したような解答」が求められることはほとんどないかな。**原則として、具体例は抽象化して言いかえるものだと考えておくのがいいね**（ただし、「具体的に説明しなさい」などの条件がある場合には、具体例などを入れて解答を作る必要がある）。

では、これから具体例を抽象化した解答を考えてみよう（ちなみに、**「抽象化」とは「具体的な内容を簡潔に短く言いかえること」**だと理解してね）。

浦島太郎が故郷に帰ろうと思った理由は、大きく二つある。具体的には「なつかしい父と母の姿が目に浮かんできた」ことと、「両親は自分がいなくなってからも元気で暮らしているだろうかと考えると」という部分。そこで、これらの具体的内容を抽象化してみよう。たとえば、次の二つのような言いかえはどうだろう。

【理由の具体的内容１】なつかしい父と母の姿が目に浮かんできた

↓

【抽象化例１】父と母がなつかしくなった

【理由の具体的内容２】両親は自分がいなくなってからも元気で暮らしているだろうかと考えると

↓

【抽象化例２】両親が心配になった

そんなに難しくないでしょ。ちなみに、具体例を抽象化するときのポイントは、**「意味を変えずに短く簡潔にすること」**だ。これは特に、字数制限のある記述解答で役に立つ技術だね。

【解答例】両親のことがなつかしくなり、心配にもなったから。（24字）

ト：確かに、少し気をつけるだけで、解答がすごくわかりやすくなりますね！

若：簡単そうに見えるけど、実は意外と難しいから、しばらくは意識してやるといいよ。

〈解答のルール④〉文末表現に注意する

若：記述問題ではある程度、「こういう設問にはこう答える」といった、答え方の「型」がある。特に文末表現だね。
それをあらかじめ覚えてしまうほうが楽だよ。代表的なものを表で示してみようか。

設問のパターン	解答の文末表現
～とはどういうことか？	～こと。
～は何を表しているか？	～こと。～もの。（または、体言止め）
～はなぜか？ ～の理由を説明しなさい。	～から。
～の気持ちを答えなさい。	～気持ち。（または感情を表す言葉）

ト：あ、こういうのは便利ですね！
若：それからね、設問の条件によって、どのような解答を心がけるかの目安も表に示しておこう。

設問の条件	解答の条件
～を説明しなさい。	本文中の言葉を用いて、またはそれを別の言葉に言いかえて答える。
本文の言葉を使って答えなさい。	本文の抜き出しでなく、必ずどこかを変えて答える。
自分の言葉で答えなさい。	本文中の言葉を別の言葉で言いかえて答える。
具体的に答えなさい。	本文中の具体例や固有名詞を用いて答える。
～をまとめなさい。	本文の要旨（＝筆者の言いたいこと）を中心に、二つ以上の要素を入れて答える。

ト：「言いかえて答える」というのは、どういうことですか？

若：「その言葉を、それとほぼ同じ意味の別の言葉で表す」ということだよ。言いかえる言葉は、基本的に本文から見つけよう。

ト：**本文主義**ですね！

若：その通り！

4 傍線部のルール

若：国語の読解問題の大部分は、傍線部（――線部）について問われるものだ。だから、傍線部がどのようなことを表しているのかを正確に理解することが大切なんだ。そしてこの傍線部にこそ、実は答えのヒントが多く隠されている。

ト：う～ん、さっきは本文が大事って話だったのに、今度は傍線部が大事って話ですか。イマイチよくわかりません……。

若：そう焦らなくていい。いまは記述問題を解くのに必要な準備をしているところなんだからね。少しずつ、やっていくうちにわかるようになるよ。

ト：だといいんですが……。

〈傍線部のルール❶〉傍線部を含む一文は丁寧《ていねい》に読む

「傍線部①とありますが～」などと問われると、中学受験生はその傍線部①ばかりに目が行ってしまうもの。もちろん、傍線部をよく読むことは大切だよ。**でも実は、傍線部自体ではなく、傍線部を含む一文にこそ、解答するための大きなヒントがある場合が多いんだ**。だから、傍線部をよく読むのはもちろんのこと、少なくとも傍線部を含む一文は丁寧に読んで、解答のためのヒントをしっかりつかんでから解くのがいいね。詳しくは例題で見てみよう。

【例題1】完璧《かんぺき》な人間などいません。一方で、何をやってもダメだという人間もいません。確かに、玉手箱を開けてしまった浦島太郎には意志の弱いところもありますが、亀を助けるなどの心優しい面もある。私たちが何となく浦島太郎に親しみを覚えるのは、浦島太郎のそんなところにあるのではないでしょうか。

【問】　傍線部「そんなところ」はどんなところか。35字程度で答えなさい。

【例題1／解説】「そんなところ」という指示語をわかりやすく説明する問題だけれど、傍線部の「そんなところ」自体をいくら眺めていても、答えにはたどり着けない。こういうときには、**傍線部のルール❶ 傍線部を含む一文を丁寧に読む**ことが大事だ。では、傍線部を含む一文を抜き出して、丁寧に読んでみよう。

　私たちが何となく浦島太郎に親しみを覚えるのは、浦島太郎のそんなところにあるのではないでしょうか。

　なるほど。この一文を読んでみると、「そんなところ」というのは、「私たちが浦島太郎に親しみを覚えるところ」だということがわかるね。**答えのおおよその見当がつく**わけだ。こんなふうに、まずは傍線部を含む一文から解答を見つけるためのヒントを得ることが大切だよ。

　例外はあるけれど、指示語というのは普通、その指示語のすぐ前にある言葉や内容を指している。だとすると、「私たちが浦島太郎に親しみを覚えるところ」とはどんなところなのかを、傍線部よりも前から探していけばいいのだとわかるね。それは次の部分でしょう。

完璧《かんぺき》な人間などいません。一方で、何をやってもダメだという人間もいません。確かに、玉手箱を開けてしまった浦島太郎には意志の弱いところもありますが、亀を助けるなどの心優しい面もある。

解答は35字程度とあるので、右の部分をうまくまとめると、次のようになるね。

【例題1／解答】　完璧でも完全にダメな人間でもなく、心の弱さも優しさも両方持っているところ。（37字）

〈傍線部のルール❷〉傍線部はいくつかの部分に分けて考える

傍線部が長い場合には、傍線部自体が何を言っているのかがよくわからないことがある。そんなときには、傍線部をいくつかの部分に分けて考えてみると傍線部の意味をつかみやすくなるよ。また、このルールは、《言いかえ問題》（P.39参照）を解く際に必ずマスターしなければならない考え方でもある。例題を見てみよう。

【例題２】花咲かじいさんでもこぶとりじいさんでも、腹黒いとなりのじいさんは、欲の皮が突っ張っているためにひどい目にあうが、結局は自業自得なのだ。

【問】傍線部はどういうことか。分けて考えなさい。

【例題２／解説】分ける部分にスラッシュ（／）を入れてみるといいね。ただし、傍線部をいくつかの部分に分けるとき、助詞などをどちらに入れるべきかといった細かいことは、あまり気にしなくても構わない。また、あまり細かく分けすぎるとかえってわかりづらくなることもある。傍線部を分けるのは、あくまで傍線部を理解するための一つの方法だから、ざっくりと、自分が理解しやすい程度に分けるという感覚でいいね。たとえば、次の解答くらいに分けて考えてみよう。

【例題２／解答】 腹黒いとなりのじいさんは、／欲の皮が突っ張っているために／ひどい目にあうが、／結局は自業自得なのだ。

そして、それぞれの部分について次のように考えることで、傍線部が何を言っているのかを理解していく。

↓（１）「腹黒いとなりのじいさんとは」とはどんなじいさんだろう？

↓（２）「欲の皮が突っ張っている」とはどんな意味？

↓（３）「自業自得」をもっとわかりやすく言うと？

ちなみに、

「腹黒い」＝心にひそかに悪い考えを持っているさま

「欲の皮が突っ張る」＝とても欲深いさま

「自業自得」＝自分のした悪いことの報いを自分自身が受けること

という意味なので、傍線部をわかりやすい言葉で言いかえると次のようになるね。

心にひそかに悪い考えを持っているとなりのじいさんは／とても欲深いために／ひどい目にあうが、／結局は自分のした悪いことの報いを自分自身で受けているのだ。

〈傍線部のルール❸〉傍線部内の指示語・比喩・わかりにくい表現は具体化して言いかえる

傍線部がどのようなことを言っているのかを理解するためには、傍線部内の指示語・比喩・わかりにくい表現を具体的に言いかえて読むのがいい。次の例題を見ていこう。

【例題3】大切に育てたかぐや姫が月に帰ってしまったあと、おじいさんとおばあさんはいつまでも月を眺めていました。すると、かぐや姫の思い出がまざまざとよみがえってきます。その悲しさといったら、ありませんでした。

【問】傍線部はどういうことか。説明しなさい。

【例題3／解説】まず、**傍線部のルール❷ 傍線部はいくつかの部分に分けて考える**で傍線部を分けてみると、次のようになる。

（1）その悲しさといったら、／（2）ありませんでした。

（1）について。傍線部を説明するには、指示語「その悲しさ」が何を指すのかがわからなければいけないね。ここで**傍線部のルール❸ 傍線部内の指示語・比喩・わかりにくい表現は具体化して言いかえる**により、「その悲しさ」を本文中の言葉を使って言いかえてみよう。

すると、傍線部の直前に「かぐや姫の思い出がまざまざとよみがえってきます」とあるのが見つかる。これをもとにすると、「その悲しさ」とは、「かぐや姫の思い出がはっきりとよみがえってくる悲しさ」と言いかえることができそうだね。ちなみに、「まざまざ」とは「はっきりと」という意味だ。

次に（2）の「ありませんでした」だけど、これもこのままではわかりにくい。（**傍線部のルール❸ 傍線部内の指示語・比喩・わかりにくい表現は具体化して言いかえる**）これは「またとない機会」などで用いられる「ない」の用法。「他に類がない」「この上ない」といった意味だね。今回の場合、「他に類がないほど悲しい」「この上なく悲しい」ということを言っているとわかる。したがって、これらから解答を作ればいいね。

【例題3／解答】　かぐや姫の思い出がはっきりとよみがえってきて、この上なく悲しかったということ。

〈 傍線部のルール❹ 〉傍線部内の言葉と同じ言葉・似た言葉に注目する

これは傍線部の内容を理解するためのもう一つの大切なルール。次の例題の中で確かめてみよう。

【例題4】童話「ウサギとカメ」の話では、自分の足の速さを過信したウサギが、油断をしてカメに負けてしまう。一方、足は遅いが、地道に努力を重ねることでカメはウサギに勝利した。ウサギになるかカメになるかは君しだいだね。

【問】傍線部はどういうことか。説明しなさい。

【例題4／解説】傍線部のルール❷傍線部はいくつかの部分に分けて考えるにより、傍線部を詳しく見ていこう。

（1）ウサギになるか／（2）カメになるか

まずは（1）「ウサギになるか」について。傍線部のルール❹傍線部内の言葉と同じ言葉・似た言葉に注目するにより、**「ウサギ」という言葉を本文中の他の部分から探す**と、「自分の足の速さを過信した**ウサギ**が、油断をしてカメに負けてしまう」という説明が見つかるね。すると、次のように言えそうだ。

ウサギになる＝自分の能力を過信し、油断して負ける次に（2）「カメになるか」について。これも傍線部のルール❹傍線部内の言葉と同じ言葉・似た言葉に注目するにより、**「カメ」という言葉を本文中の他の部分から探す**と、「足は遅いが、地道に努力を重ねることで**カメ**はウサギに勝利した」という部分が見つかる。すると、こちらは次のように言えそうだね。

カメになる＝能力は低いが、地道に努力を重ねることで勝利する

このように、**傍線部内の言葉と同じ言葉・似た言葉を本文の他の部分に探すことによって、傍線部内の言葉を理解するヒントを得ることができる**というわけだ。ここまでのことから解答をまとめると次のようになる。

【例題4／解答】　自分の能力を過信し、油断して負けるか、能力は低くても地道に努力を重ねることで勝利するか、ということ。

〈傍線部のルール❺〉傍線部内に省略された主語・述語・目的語を補う

　傍線部の内容を理解する上でもう一つ有効なのが、傍線部に省略された主語・述語・目的語を補うことだ。早速、例題で考えてみよう。

【例題5】ずるがしこい猿にだまされ、仕舞《しま》いには硬い青柿をぶつけられて死んでしまった蟹《かに》のお腹から、子蟹たちがぞろぞろと産まれてきた。子蟹たちはみんな、親蟹を殺した悪い猿に怒っていた。そのうちの一匹の子蟹が言う。

「このまま黙っていてもいいのか！　親のあだ討ちをせずともいいのか！」

すると、子蟹たちはいっせいに叫ぶのだった。「いいや、よくない！」

【問】傍線部はどういうことか。説明しなさい。

【例題5／解説】何が「よくない」のか。傍線部には主語がないので、**傍線部のルール❺傍線部内に省略された主語・述語・目的語を補う**により、主語を補ってみよう。これはすぐ前に、

「このまま黙っていてもいいのか！　親のあだ討ちをせずともいいのか！」

とある。ここでの「黙って」というのは「あだ討ちをしないこと」だから、補うべき主語は「このまま親のあだ討ちをしないでいること」だとわかるね。よって、傍線部は次のようになる。

【主語（～は、～が）】
このまま親のあだ討ちをしないでいることは／よくない

ただ、「このまま」とはどういうことだろう。

傍線部のルール❸ 傍線部内の指示語・比喩・わかりにくい表現は具体化して言いかえるにより、指示語を含む「このまま」を言いかえる。これは「猿に親を殺されたまま」という意味だね。よって傍線部はさらに次のように言いかえられる。

猿に親を殺されたまま、親のあだ討ちをしないでいることは／よくない

どうだろう？主語を補うことによって、文章の意味がわかりやすくなったね。「親の」が繰り返しになっているのでそこを整えると、最終的に解答は次のようになる。

【例題5／解答】 猿に親を殺されたまま、そのあだ討ちをしないでいることはよくないということ。

第二章　記述問題　パターン別の書き方

若：さて、いよいよ記述問題のパターン別の書き方だ。記述問題では、その問題が何をきいているのか——別の言い方をすれば、どの問題パターンなのかを見破らないといけない。

ト：どうしてですか？

若：中学受験国語の記述問題にはいくつかの問題パターンがあるんだけど、その問題が何を求めているかがわからないと、せっかく解答を書いても得点にならないなんてことが起こりかねないんだ。

ト：つまり、問題パターンによって求められている答えが違うということですか？

若：その通り。中受国語の記述問題には大きく分けて次の四つのパターンがある。

《言いかえ問題》＝傍線部の言葉を別の言葉でわかりやすく説明する問題
《理由問題》＝ものごとの因果関係を説明する問題
《まとめ問題》＝ものごとの違いや共通点、またはその内容をまとめる問題
《気持ち問題》＝人物の気持ちやその変化を説明する問題

ト：たった四つですか？思ったより少ないですね。

若：そう、たった四つだ。簡単だろう？もっとも、中にはもう少し細かく分類できるパターンもあるんだけどね。それはおいおい説明するとして、まずは自分が解こうとしている問題が、この四つのうちのどのパターンかを区別できるようにすることが大切だね。それをこれから説明していこう。

ト：はい、お願いします！

若：——ところで、これまでに学んだ〈解答のルール〉と〈傍線部のルール〉は覚えたかな？これから学ぶところでもよく使う大切なルールだから、記述問題を書く準備として、必ずマスターしておかないといけないよ。

記述パターン❶　言いかえ問題

《言いかえ問題》の解き方の手順

手順❶ 傍線部をいくつかの部分に分ける。

手順❷ それぞれの部分を、別のわかりやすい言葉で言いかえる。

手順❸ ❷でできた文を「わかりやすい解答」に整える。

若：早速、一つ目のパターンをやろう。《言いかえ問題》というのは傍線部について、「〜とはどういうことか説明しなさい」というタイプの問題だ。

【例題1】のんきな王子は今日も部屋でだらだらしている。結局、最後はこの国の王である父が何とかしてくれると思っているのだ。そこで、こうなったのは自分のせいだと感じた王様は、今度こそは何があっても助けないぞ、と心に誓うのであった。

【問】傍線部はどういうことか説明しなさい。

ト：なあんだ。簡単、簡単。王様がどう感じたかですよね？　だから、解答は「自分が悪かったということ」でいいんですよね？

若：トモヤ君、その解答だと0点だよ。

ト：ええ！　どうしてですか？　意味は合ってるじゃないですか。

若：さっき話したこと、覚えているかな？　その問題が何を求めているのかがわからないと解答を書いても得点にならないって話。つまりね、この問題は、いまトモヤ君が出した解答のような答えを求めているんじゃないんだ。繰り返しになるけど、記述問題はね、まず、その問題が何を求めているのかがわかること。これが大事。だから、こんな簡単に見える問題でも馬鹿にしちゃいけない。ここからだっていろいろなことがわかるんだから。

ト：すみません。真面目に聞きます……。

若：まずね、なぜわざわざ「傍線部はどういうことか」なんて説明する必要があるんだろう、ということ。

ト：え、そこですか？　う～ん、そう言われると、そうですね。

若：普通、説明するということは、それがなんだかよくわからないから、それをもっとわかりやすく伝えるためにするものだろう。つまりね、この問題は「このままではよくわからないから、別の言葉を使ってもっとわかりやすく説明しなさい」というわけなんだ。

ト：ああ、なるほど！

若：だから、傍線部を別のわかりやすい言葉で言いかえて説明する必要がある。これが《言いかえ問題》だね。この場合、「こうなったのは自分のせいだ」とはどういうことかを、別のわかりやすい言葉で説明してあげればいいんだ。**傍線部をいくつかの部分に分けて、それぞれの部分を別のわかりやすい言葉で説明するのがコツだね。**（傍線部のルール❷　傍線部はいくつかの部分に分けて考える）

たとえば次のように（1）～（3）の三つの部分に分けてみる。

（1）こうなったのは／（2）自分の／（3）せいだ

それで、（1）〜（3）のそれぞれについて、別のわかりやすい言葉で説明するんだ。

まず、「（1）こうなったのは」とはどういうことだろう？「こう」は指示語だね。**傍線部のルール❸傍線部内の指示語・比喩・わかりにくい表現は具体化して言いかえる**だから——

ト：「こう」というのは——〈王子が今日も部屋でだらだらしていること〉ですか？

若：その通り。だから「（1）こうなったのは」の部分は、〈王子が今日も部屋でだらだらしているのは〉と言いかえることができる。こうやって、**言いかえるときはなるべく本文の言葉を利用するのがいいね。（本文主義）**

では次に。「（2）自分の」とは？

ト：これはもちろん、〈王様の〉ということですよね？

若：では最後に、「（3）せいだ」は？

ト：「せい」というのは——〈悪い〉ということ？

若：「悪い」というよりは、〈〜が原因・理由となっている〉という意味だね。

ではトモヤ君。傍線部と、それを分けて言いかえた文を比べてみよう。

こうなったのは／自分の／せいだ

↓

王子が今日も部屋でだらだらしているのは／王様が／原因・理由となっている

ト：なるほど！

若：あとは解答として「わかりやすい解答」になるように整えればいい。設問に「どういうことか説明しなさい」とあるから、文末表現を「～こと」にするのも忘れずに。（解答のルール④　文末表現に注意する）

【解答例】　王子が今日も部屋でだらだらしているのは王様に原因があるということ。

記述パターン❷　理由問題

《理由問題》の解き方の手順

手順❶「〇〇はなぜか」「〇〇の理由を説明しなさい」の〇〇を「結果」とする。
（傍線部が「結果」になっていることが多い）

手順❷「結果」に対する「原因・理由」を本文中から読み取る。
（原則として、物語文・随筆では「気持ち」も入れる）

手順❸「原因・理由＋結果」の文を作り、「原因・理由」と「結果」の因果関係が正しいかどうかを確かめる。

手順❹「原因・理由」の部分を「わかりやすい解答」に整える。（文末は「〜から」）

若：次は《理由問題》だ。「〜はなぜか」「〜の理由を説明しなさい」というタイプの問題だね。早速、次の例題を見てみよう。

【例題2】のんきな王子は今日も部屋でだらだらしている。

【問】「だらだらしている」とあるが、それはなぜか。説明しなさい。

ト：え〜っと……〈やることがないから〉かな？
若：ダメ！　不正解。
ト：じゃあ、〈友達がいなくて退屈だから〉でしょう？
若：あのね、当てずっぽうに言ってもダメだよ。そもそも〈やることがないから〉とか〈友達がいなくて退屈だから〉なんて、本文に書いてあるかい？
ト：あ！　**本文主義**でした！
若：そうだろう？　**本文に書いていないこと、あるいは本文から当然読み取れないことは解答の根拠にしてはいけないんだ**。王子がだらだらしている理由は本文のどこにも書いてないよね。――だから、この問題は「答えられない」が正解。
ト：あ、ずるいんだ！
若：ごめん、ごめん。でもね、これはとても大切なことなんだよ。では、気を取り直して、次の問題だったらどう？

【例題3】のんきな王子は今日も部屋でだらだらしている。結局、最後は王様が助けてくれると思っているのだ。

【問】「だらだらしている」とあるが、それはなぜか。説明しなさい。

若：トモヤ君、《理由問題》というのはね、少し難しい言葉を使うと、ものごとの「因果関係」を説明しなさいという問題なんだ。「因果関係」ってわかるかな？

ト：それくらいわかりますよ。原**因**と結**果**の関係でしょう？

若：たとえば？

ト：たとえば……「食べすぎたから、お腹が痛い」とか？

若：わかりやすい例だね。「食べすぎたから（原因・理由）、お腹が痛い（結果）」だ。もし、「なぜお腹が痛い（結果）のか？」と聞かれたら「食べすぎたから（原因・理由）」と答えればいいわけだ。このように、《理由問題》というのは、**ものごとの因果関係を説明すればいい**んだね。つまり、結果に対する原因・理由の部分を説明するわけだ。

ト：今まではっきりと考えたことはなかったけど……そう言われれば、確かにそうですね。

若：「結果」というのは、「〇〇はなぜか」「〇〇の理由を説明しなさい」の〇〇の部分のことだよ。【例題2】では、「だらだらしている」が「結果」だね。すると、その「原因・理由」は？

ト：本文の言葉を使うと……「結局、最後は王様が助けてくれると思っているから」だと思います。

若：では、「だらだらしている（結果）」と「結局、最後は王様が助けてくれると思っているから（原因・理由）」をつないでみよう。**「原因・理由＋結果」の文にしてみて、ちゃんと意味が通れば、それは正しいことになる。**

〈結局、王様が助けてくれると思っているから（原因・理由）、だらだらしている（結果）〉

どうかな？

ト：はい。正しいと思います。

若：うん、いいだろう。ところで、ここでは**傍線部が「結果」になっている**ことに気づいたかな？

ト：あ、それも――言われてみればそうですね。「だらだらしている」が「結果」ですね。

若：そう。このように、傍線部が「結果」になっていることが多いよ。そして、自分の考えた「原因・理由」が因果関係として正しいかどうかを判断するには、その「原因・理由」の部分を、「結果」である傍線部につなげて読んでみればいい。

ト：ああ、なるほど！

若：では、ここまでわかったことをまとめておくよ。

《理由問題》とは、「〇〇はなぜか」「〇〇の理由を説明しなさい」の〇〇を「結果」としたときの「原因・理由」の部分を答えればいいんだね。その答えが正しいかどうかを確認するには——。

ト：**「原因・理由」と「結果」をつないで、「原因・理由＋結果」の文を作ってみる、**ですね。

若：その通り！この問題では、すでに学んだ 解答のルール① 主語・述語・目的語のわかりやすい文にする を使って、主語も補っておこう。

【解答例】 結局、最後は王様が助けてくれると王子は思っているから。

＊　＊　＊　＊　＊

若：もう少し複雑な《理由問題》も考えてみようか。

【例題4】 のんきな王子は今日も部屋でだらだらしている。「部屋が暑すぎるんだよ！」とか「宿題が一人じゃどうにもならない！」とか言いながら、寝転んでアイスを食べ、ゲームばかりしている。結局、最後は王様が助けてくれると思っているのだ。

【問】「だらだらしている」とあるが、それはなぜか。説明しなさい。

ト：本文が長くなりましたね。傍線部「だらだらしている」を「結果」としたときの「原因・理由」の部分は——

若：こういう場合は**短く分けて考える**のがいいね。「原因・理由」に当たりそうな部分を本文から探してみると、次の（ア）〜（ウ）あたりになると思う。

（ア）部屋が暑すぎる
（イ）宿題が一人じゃどうにもならない
（ウ）結局、最後は王様が助けてくれると思っている

ト：次の（エ）と（オ）は「原因」ではないのですか？

（エ）寝転んでアイスを食べ
（オ）ゲームばかりしている

若：見つけた部分が「原因・理由」として正しいかどうかを確認するには、見つけたそれぞれの「原因・理由」部分を「結果」である「だらだらしている」につなげて読んでみればいい。そのとき、「〜から」は適宜《てきぎ》補うよ。

（ア）**部屋が暑すぎる**から、だらだらしている。→因果関係が成り立つ。

（イ）**宿題が一人じゃどうにもならない**から、だらだらしている。→因果関係が成り立つ。
（ウ）**結局、最後は王様が助けてくれると思っている**から、だらだらしている。→因果関係が成り立つ。
（エ）**寝転んでアイスを食べている**から、だらだらしている。→因果関係が成り立たない。
（オ）**ゲームばかりしている**から、だらだらしている。→因果関係が成り立たない。

ト：そうか、こうやればわかりやすいですね！（エ）と（オ）は明らかに間違っています。

若：あとは**わかりやすい解答**になるように（ア）～（ウ）の部分をつなぎあわせればいい。ただ、（イ）の「一人じゃ」のようなくだけた表現は使わずに、「一人では」のような表現に直しておこう。

【解答例】　部屋が暑すぎて宿題が一人ではどうにもならない上に、結局、最後は王様が助けてくれると王子は思っているから。

＊　＊　＊　＊　＊

□□□理由問題（物語文・随筆限定）□□□

若：第三章の【練習問題】で詳しく扱う予定だけど、物語文や随筆での《理由問題》では、ちょっと注意が必要だよ。

ト：どういうことですか？

若：物語文や随筆というのは基本的に、登場人物や筆者の気持ちとその変化が中心になっているね。だから問題の作成者も、受験生がその部分を読み取れているかを見たいわけだし、当然、そこを問うてくるわけだ。

ト：なるほど、そういわれるとそうですね。

若：だからね、これは厳密なルールではないんだけれど、**物語文や随筆では、解答の中に「気持ち」を入れておくと解答として伝わりやすいものになる**ことが多いんだよ。**つまり、「原因・理由＋気持ち」までを解答にするということだね**。

ト：先生、「解答の中に『気持ち』を入れておく」って、いまいちわからないんですが……。

若：次の例題をやってみようか。

【例題5】のんきな王子は今日も部屋でだらだらしている。結局、最後は王様が助けてくれると思っているのだ。そこで、こうなったのは自分のせいだと感じた王様は、今度こそはなにがあっても助けないぞ、と心に誓うのであった。こうしてその日、王様は「いじわるな王様」になったのである。

【問】「『いじわるな王様』になった」とあるが、それはなぜですか。その理由を60字程度で説明しなさい。

ト：先生、〈王子をこらしめようと思ったから〉なんていうのはどうですか？

若：おいおい、いままでやってきたことをすっかり忘れているじゃないか。そう直感で答えるようなことをしていてはダメだよ。

ト：え！　ああ、そうでした……。

若：いいかい？　この《理由問題》の「結果」は？

ト：えーと、「〇〇はなぜか」の〇〇が「結果」だから……「『いじわるな王様』になった」です。

若：ところで「いじわるな王様」とはどういうことだろうね、一応確認するけど。

ト：それは、もちろん……〈王子を助けてやらない王様〉ということだと思いますが。

若：うん、そうだろうね。では、なぜ「『いじわるな王様』になった」んだろう？ その「原因・理由」だけど、本文にどう書いてある？

ト：「王子は今日も部屋でだらだらしている」とあるので、「原因・理由」は〈王子が今日も部屋でだらだらしているから〉ですか？

若：ではさっきやった通りに、〈王子が今日も部屋でだらだらしているから（原因・理由）〉と傍線部「『いじわるな王様』になった（結果）」をつないで、「原因・理由＋結果」の文を作ってみようか。それで意味が通れば正しいことになるね。

ト：〈王子が今日も部屋でだらだらしているから（原因・理由）、「いじわるな王様」になった（結果）〉です。

若：どうかな？

ト：う〜ん、何か違うような……。

若：「原因・理由」と「結果」の間に飛躍があって、正しい因果関係が感じられないね。だからその答えは間違っているんだ。そうやって判断する。

ト：なるほど。じゃあ……〈こうなったのは自分のせいだと感じた〉というのが「原因・理由」ですか？「原因・理由＋結果」の文にすると、

〈こうなったのは自分のせいだと感じたから（原因・理由）、「いじわるな王様」になった（結果）〉となって、意味は正しく通じると思うのですが。

若：因果関係は正しいね。ただ、「こうなった」というのは指示語だ。すると？

ト：あっ、**解答のルール②　指示語・比喩・わかりにくい表現は具体化して言いかえる**でした！……えーと、「こうなった」という指示語は〈王子は今日も部屋でだらだらしている〉を表していると思います。だから、言いかえると—

―〈王子が今日も部屋でだらだらしているのは自分のせいだと感じたから〉になります。

若：「原因・理由＋結果」の文にしてごらん。

ト：〈王子が今日も部屋でだらだらしているのは自分のせいだと感じたから（原因・理由）、「いじわるな王様」になった（結果）〉

若：どう？

ト：今度はいいと思います！

若：うん、この因果関係は正しいね。

ト：よっしゃ！　じゃあ、正解は〈王子が今日も部屋でだらだらしているのは自分のせいだと感じたから〉でいいんですね？

若：トモヤ君、喜ぶのはまだ早い。話はここからだ。さっき、**物語文や随筆では、解答の中に「気持ち」を入れておく**と言ったね。ここで王様の「気持ち」としては、本文に「今度こそはなにがあっても助けないぞ、と心に誓う」とある。これを解答の中に入れるんだ。つまり、**物語文や随筆では「原因・理由＋気持ち」までを解答とするんだね。**

ト：物語文や随筆では必ず「気持ち」を入れないといけないのですか。

若：「必ず入れないといけない」とまでは言えない。ただ、「気持ち」がどうしても入らない場合以外は、原則として「入れたほうがいい」ね。

【解答例】　王子が今日も部屋でだらだらしているのは自分のせいだと感じた王様は、今度こそはなにがあっても助けないと心に誓ったから。（58字）

記述パターン❸　まとめ問題

《まとめ問題》の解き方の手順

手順❶ 説明すべき部分を本文中から見つける。（具体例ではなく、具体例をまとめた部分から）

手順❷ ❶で見つけた部分を「わかりやすい解答」としてまとめる。

若：詳しくは第三章の【練習問題】の中で説明した方がわかりやすいので、ここでは概略だけ。

《まとめ問題》は大きく次の三つのタイプに分けられる。

（1）共通点を説明する問題
（2）違いを説明する問題
（3）内容をまとめる問題

「（1）共通点を説明する問題」と、「（2）違いを説明する問題」の考え方はほとんど同じ。たとえば「AとBの共通点を説明しなさい」とあったら、AとBの共通点が書いてある部分を本文中から探して、それらをまとめる。「A

とBの違いを説明しなさい」なら、同じように、違いが書いてある部分を探してまとめればいい。

また、「(3) 内容をまとめる問題」というのは、指定された内容についてまとめたり、筆者の考えなどをまとめたりするもの。たとえば「Aについての筆者の考えをまとめなさい」とあれば、Aについての筆者の考えが書かれているところを本文中から探し、それらをまとめればいい。

ト：あの、先生。そもそも「共通点が書いてある部分」とか「違いが書いてある部分」、「筆者の考えが書かれているところ」を見つけるコツはありますか？

若：お、それはいい質問だ。それはね、**具体例ではなく、具体例をまとめた部分から探すのがいいね**。

ト：？？？

若：たとえば、「テレビ、洗濯機、冷蔵庫」と「電化製品」では、どちらが具体例で、どちらが具体例のまとめかわかるかな？

ト：もちろん「テレビ、洗濯機、冷蔵庫」が具体例、「電化製品」が具体例のまとめですよね。

若：そうだよね。「今日はハンバーグとかスパゲッティとかクリームシチューとか、そういうのが食べたい」というのが具体例を用いた言い方、「今日は洋食が食べたい」いうのが、その具体例をまとめた言い方だね。一応、次の例題でも確認してみようか。

【例題6】　桃太郎たちは夏にどこにキャンプに行くかを相談している。

「夏といえば海に決まってるよ」猿が言う。犬とキジもこれに賛成だ。

「たまには山もいいと思うぞ」と鬼の大将。赤鬼と青鬼も山がいいと言う。

そこで桃太郎は、海に囲まれた鬼ヶ島で山に登ればいいじゃないかと提案するが、鬼ヶ島なんて薄暗くて気味が悪いと、みんなの大反対にあう。キャンプは明るい太陽の降りそそぐところでやらなくちゃというわけだ。

【問】桃太郎たちがキャンプに行きたいと考えている場所の共通点を本文中から15字以内で抜き出しなさい。

ト：海とか山にあたるのが具体例、〈明るい太陽の降りそそぐところ〉（14字）が具体例をまとめた部分ですね。

若：その通り。**《まとめ問題》は基本的に、具体例をまとめた部分に注目して解答を作るのがいいね。**詳しくは第三章の【練習問題】の中でやってみよう。

【解答】　明るい太陽の降りそそぐところ（14字）

記述パターン❹　気持ち問題

《気持ち問題》の解き方の手順

手順❶ 言動・情景描写から「気持ち」を読み取る。（映像化してイメージする）

手順❷ その「気持ち」になった「理由」を本文中から読み取る。

手順❸ 「理由＋気持ち（結果）」の文を作り、「理由」と「気持ち（結果）」の因果関係が正しいかどうかを確かめる。

手順❹ 「理由＋気持ち」を「わかりやすい解答」に整える。

若：《気持ち問題》というのは「～はどのような気持ちですか」とか「～の心情を説明しなさい」といった問題。だから当然、本文から登場人物の気持ちを読み取らなければならないね。「うれしい」とか「悲しい」とか「怒っている」とか「安心した」とか、そんなふうに「気持ち」が直接本文に書かれていることもあるけれど、いつもそうとは限らない。むしろ多くの場合、登場人物の「気持ち」は直接表されていなくて、解答者が文章から読み取らなければいけないんだね。物語文が苦手な人はここがどうも得意ではないみたいなんだ。——そうでしょう? トモヤ君。

ト:先生、まさにその通りです! その「気持ち」というのをどうやって読み取ればいいのか、さっぱりわからなくて……

若:では、「気持ち」を読み取るコツをやろう。物語文では本文中の次の二つに注目して「気持ち」を読み取るといい。

①言動…人物の様子（セリフ、行動、表情）から気持ちを読み取る。

(例・セリフ)…「お前らはいいよな」と王子は言い残して立ち去った。→「うらやましい」「嫉妬《しっと》」

(例・行動) 王様はこぶしで机をたたき、大声で王妃《おうひ》を呼んだ。→「怒り」

(例・表情) それを聞くと、姫は急に目を輝かせた。→「喜ぶ」「うれしい」「期待」

②情景描写…天候や風景の描写に人物の気持ちが表れていると考える。

(例) 突然、雲行きが怪しくなってきた。→「不安」「心配」

ト:そういえば、ぼくはいままで①「言動」をあまりはっきり意識していませんでした。言われてみればそうですね!

若:それからね、《気持ち問題》にも基本的な解答の「型」があるよ。それが「理由＋気持ち」で答えるというもの。ある「気持ち」になるということは、何らかの理由があるはずでしょう? 突然怒ったり、何の理由もなくうらやましくなったりはしないね。**だから《気持ち問題》では、どうしてその「気持ち」になったのかの「理由」とセットで考える。そしてその「理由」まで解答に入れるのが原則なんだ。**このあたりを、また例題でやってみようか?

【例題7】のんきな王子は今日も部屋でだらだらしている。結局、最後は王様が助けてくれると思っているのだ。そこで、こうなったのは自分のせいだと感じた王様は、今度こそはなにがあっても助けないぞ、と心に誓うのであった。こうしてその日、王様は「いじわるな王様」になったのである。

【問】「『いじわるな王様』になった」とあるが、このときの王様の気持ちを説明しなさい。

若：まずね、《気持ち問題》では、言動・情景描写から「気持ち」を読み取ること。フィーリングではなく、具体的な言動や情景描写から読み取るのがコツだね。トモヤ君、このときの王様の「気持ち」を、どこかから読み取れないかな？

ト：「今度こそはなにがあっても助けないぞ、と心に誓うのであった」という心の中のセリフが王様の言動だと思います。だから、ここでの王様の「気持ち」を表すと……〈決意〉でしょうか？

若：うん、〈決意〉でいいね。で、どんな決意かな？　本文の言葉を使って、なるべく簡単に言ってみると。

ト：〈今度こそは何があっても助けないという決意〉でどうでしょう？

若：いいだろうね。では次に、なぜその気持ちになったのかの理由を考える。この場合、王様はなぜそんな決意をしたの？　その理由はなんだろう？

ト：本文に「こうなったのは自分のせいだと感じた」とありますから……。

若：「こうなった」では伝わらないね。詳しくは、どうなったの？

ト：ああ、そうでした。指示語はわかりやすく言いかえるのですね。（解答のルール②　指示語・比喩・わかりにくい表現は具体化して言いかえる〉ええと、「こうなった」とは〈王子が今日も部屋でだらだらしている〉ということだと思います。だから、王様が決意した理由は、**〈王子が今日も部屋でだらだらしている**のは自分のせいだと感じたから〉です。

若：いまトモヤ君が考えた「理由」が正しいかどうかは、《理由問題》のときと同じように、「理由＋結果」の文を作ってみるのがいい。ただし、**《気持ち問題》では、「気持ち」を「結果」として考えるよ。**（ちなみに、「原因」というのは物事を引き起こす元となるもの。「理由」は人の行為や判断の元となるもの。厳密には少し違う。だから「気持ち」の場合には「理由」を用いているよ）

「理由」＝王子が今日も部屋でだらだらしているのは自分のせいだと感じたから
「気持ち（結果）」＝今度こそは何があっても助けないという決意

これを「理由＋気持ち（結果）」の文にしてみると、〈王子が今日も部屋でだらだらしているのは自分のせいだと感じたから（理由）、今度こそは何があっても助けないと決意している。（気持ち）〉となる。「理由」と「気持ち（結果）」のつながりはよさそうだね。

ト：なるほど！

【解答例】王子が今日も部屋でだらだらしているのは自分のせいだと感じたから、今度こそは何があっても助けないと決意している。

□□□気持ちの変化の問題□□□

若：実は《気持ち問題》にはもう一つのタイプの問題がある。それが《気持ちの変化の問題》だ。

ト：気持ちの変化の問題？

若：物語文では大抵、はじめと終わりで人物の「気持ち」が変化していることが多い。その気持ちの変化を説明しなさい、というような問題。これも解き方がある。

《気持ちの変化の問題》の解き方の手順

手順❶「変化後の気持ち」を読み取る。

手順❷「変化後の気持ちの理由（変化のきっかけ）」を本文中から読み取る。

手順❸「変化前の気持ち」を読み取る。（「変化後の気持ち」の逆になっていることが多い）

手順❹「変化前の気持ちの理由」を本文中から読み取る。

手順❺「変化前の気持ちの理由＋変化前の気持ち＋変化後の気持ちの理由（変化のきっかけ）＋変化後の気持ち」で解答を書く。

若：気持ちが変化するということは、何らかの「きっかけ」がある。そのきっかけを本文から読み取ることが大事だね。ただ、《気持ちの変化の問題》はまったく新しい解き方というわけではない。「変化**前**の気持ち」と「変化**後**の気持ち」について、**《気持ち問題》を二つつなげたようなものだ。**たとえば次の例題で考えてみようか。

【例題8】その日も王子は部屋でだらだらしていた。結局、最後は王様が助けてくれると思っているのだ。そこで、こうなったのは自分のせいだと感じた王様は、今度こそはなにがあっても助けないぞ、と心に誓うのであった。こうしてその日、王様は「いじわるな王様」になったのである。

王様は王子の頼みを一切きかなくなった。王妃にも甘やかさないように言った。学校の級友にいじめられたり、勉強ができないことを姫にからかわれたりした王子に泣きつかれても、ぐっと我慢した。そんな日が一か月も続いた。

さて、王子は変わっただろうか？　いや、まったく変わらなかったのである。相変わらず今日も王子は部屋でだらだらしている。王様は大きくため息をついた。そして、また「やさしい王様」に戻ったのである。

【問】「また『やさしい王様』に戻ったのである」とあるが、王子に対する王様の気持ちはどのように変化したか、説明しなさい。

若：まずは手順にしたがって「変化**後**の気持ち」を読み取ろう。**《気持ちの変化の問題》のコツはね、この「変化後の気持ち」を先に読み取るところにあるんだ。**

ト：先生、なぜ「変化**後**の気持ち」を先に考えるのですか？

若：「変化後の気持ち」は傍線部のときの気持ちだからさ。すぐに見つけられる。さらには、「変化後の気持ち」がわかれば、「変化前の気持ち」は基本的に、その反対の気持ちだと推測できるという利点もある。
ト：なるほど！
若：では先に「変化後の気持ち」を考えるよ。これは傍線部のときの気持ちだ。王様はどんな気持ちから「やさしい王様」に戻ったのだろうね。――傍線部のすぐ前に、

（ア）王様は大きくため息をついた

とある。ここからどんな「気持ち」が読み取れるかな？
ト：う～ん……〈がっかりした感じ〉？
若：なるほど――〈がっかりした感じ〉か。少し難しい言葉を使うと〈落胆〉なんて言うね。ただここは、〈落胆〉とは違うんじゃないかな？
ト：どうしてですか？
若：なぜって、その後で「やさしい王様」に戻ったんだろう？ 落胆しただけでは「やさしい王様」には戻らないと思うな。
ト：そうか――そう言われればそんな気もします。
若：では改めて、こんなふうに大きなため息をつくときって、他にどんな「気持ち」が考えられるだろうね？
ト：え～っと……う～んと……。
若：――〈あきらめ〉なんかどうだろう？
ト：ああ、そうか。王子が結局は変わらないのであきらめたのですね！
若：そう。〈あきらめ〉の内容をもう少し詳しく言えば、〈王子を変えることに対するあきらめ〉だね。

では次に、「変化後の気持ちの理由（変化のきっかけ）」を読み取る。何らかのきっかけがあったからこそ、「気持ち」が変化したんだね。では、王様が〈王子を変えることに対するあきらめ〉を覚えることになった「理由（きっかけ）」は何だろう？ これを本文から読み取ろう。

ト：それは――

（イ）さて、王子は変わっただろうか？ いや、まったく変わらなかったのである。

とあるので、〈王子はまったく変わらなかったから〉が「理由」だと思います。

若：そう、それだね！「一か月しても」というのを付け加えてもいい。その方が**本文を読んだことがない人にも意味の通じる解答**になるからね。《気持ち問題》と同じように、「気持ち」を「結果」としてつないでみると、〈一か月しても王子はまったく変わらなかったから（理由）、王子を変えることをあきらめた（気持ち）〉となり、因果関係は正しいとわかる。

ト：ふう、長かった。

若：次は「変化**前**の気持ち」だ。王様は最初、王子に対してどんな「気持ち」だった？ これは〈あきらめ〉の反対に当たるような気持ちだね。

ト：はい。さっき【例題7】でやったように、〈今度こそは何があっても助けないという決意〉ですよね。

若：その通り。その「変化前の気持ちの理由」としては――

ト：これも【例題7】でやったように、〈王子が部屋でだらだらしているのは自分のせいだと感じたから〉でいいですよね。

若：それでいいね。因果関係の確認は【例題7】ですでに行っているからここでは省略するよ。

さて、これで解答に入れるすべてのパーツは揃《そろ》ったね。ここまでをまとめてみよう。

「変化前の気持ちの理由」……王子が部屋でだらだらしているのは自分のせいだと感じたから
「変化前の気持ち」…………今度こそは何があっても助けないという決意
「変化後の気持ちの理由」……一か月しても王子はまったく変わらなかったから
「変化後の気持ち」…………王子を変えることに対するあきらめ

あとはこれらを「わかりやすい解答」としてまとめればいい。ただ、これくらい長いときは、**本文の解答に使う箇所にマークして、どの部分を根拠に書くのかを明確にしてから解答をまとめるのがいいよ。**解答のルール①主語・述語・目的語のわかりやすい文にするに気をつけて書くと、次のようになる。

【解答例】　王子が部屋でだらだらしているのは自分のせいだと感じた王様は、今度こそはなにがあっても助けないという決意をしたが、一か月しても王子はまったく変わらなかったため、王子を変えることをあきらめた。

□□□気持ちの葛藤《かっとう》の問題□□□

《気持ちの葛藤の問題》の解き方の手順

手順❶ 二つの相反する「気持ちA」と「気持ちB」をそれぞれ読み取る。

手順❷ 「気持ちA」の「理由A」と「気持ちB」の「理由B」をそれぞれ本文中から読み取る。

手順❸ 「理由＋気持ち（結果）」の文をA、Bそれぞれ作り、「理由」と「気持ち（結果）」の因果関係が正しいかどうかを確かめる。

手順❹ 「理由A＋気持ちA＋理由B＋気持ちB」で解答を書く。

若：人の気持ちはそう単純なものでなくて、心の中に同時に二つの相反《あいはん》する「気持ち」を抱いていることも多い。「遊びたい」けれど「勉強しないといけない」なんてね。

ト：……それ、よくわかります。

若：そういう相反する二つの「気持ち」を説明する問題を《気持ちの葛藤の問題》と呼んでいる。これも例題をやってみよう。

【例題9】その日も王子は部屋でだらだらしていた。結局、最後は王様が助けてくれると思っているのだ。そこで、こうなったのは自分のせいだと感じた王様は、今度こそは何があっても助けないぞ、と心に誓うのであった。こうしてその日、王様は「いじわるな王様」になったのである。
　王様は王子の頼みを一切きかなくなった。王妃にも甘やかさないように言った。学校の級友にいじめられたり、勉強ができないことを姫にからかわれたりした王子に泣きつかれても、ぐっと我慢した。そんな日が一か月も続いた。

【問】「ぐっと我慢した」とあるが、ここでの王様の気持ちを説明しなさい。

若：どうだろう。このときの王様の「気持ち」はそう単純ではないね。**傍線部のルール❶ 傍線部を含む一文を丁寧に読む** を意識して、その「気持ち」を読み取ると？

ト：王子を助けたいけど、助けたい気持ちをこらえています。

若：そうだ。〈助けたい〉という「気持ちA」と、〈助けるのをこらえている〉という相反する「気持ちB」がある。《気持ちの葛藤の問題》では、その相反する二つの「気持ちA」「気持ちB」についてそれぞれ「理由A」「理由B」を本文から読み取り、解答にしていくんだ。
　まず〈助けたい〉という「気持ちA」から。この「理由A」は何だろう？

ト：〈学校の級友にいじめられたり、勉強ができないことを姫にからかわれたりした王子がかわいそうだから〉だと思います。因果関係を確認すると、〈学校の級友にいじめられたり、勉強ができないことを姫にからかわれたりした王子がかわいそうだから（理由）、助けたい（気持ち）。〉となり、正しいです。

若：では、〈助けるのをこらえている〉という「気持ちB」に対する「理由B」は何だろう？

ト：それは……【例題8】の言葉を使うと、〈王子が部屋でだらだらしているのは自分のせいだと感じ、今度こそは何があっても助けないという決意をしたから〉です。〈王子が部屋でだらだらしているのは自分のせいだと感じ、今度こそは何があっても助けないという決意をしたから（理由）、助けるのをこらえている（気持ち）。〉も、正しい因果関係になります。

若：では、ここまでの内容をまとめておこうか。

（A）助けたい――学校の級友にいじめられたり、勉強ができないことを姫にからかわれたりした王子がかわいそうだから

（B）助けるのをこらえている――王子が部屋でだらだらしているのは自分のせいだと感じ、今度こそは何があっても助けないという決意をしたから

あとは**解答のルール① 主語・述語・目的語のわかりやすい文にする**に注意して、「理由A＋気持ちA＋理由B＋気持ちB」で解答を作ればいい。

【解答例】　学校の級友にいじめられたり、勉強ができないことを姫にからかわれたりしてかわいそうだから王子を助けたいが、王子が部屋でだらだらしているのは自分のせいだと感じ、今度こそは何があっても助けないという決意をしたため、助けるのをこらえている。

記述問題のQ&A

トモヤ君が日頃から「記述問題」について疑問に思っていることを若杉先生に質問します。

Q1 模擬試験や入試過去問の模範解答と、自分の解答がいつもかけ離れているように感じます。どうすれば模範解答のような解答が書けますか？

A1 まず最初に言っておきたいのは、模範解答はあくまで模範解答。模範解答通りに書けなくてはいけないなんていう考えは一切捨てることだね。模範解答というのは、模擬試験や入試問題の作成者が念には念を入れて作った解答なんだ。だからそれを時間制限がある中できみたちが書こうと思ったって無理な話だと思わないか？ 第一、模範解答通りに書けなくても入試には合格できる。私は教えるときにこんなことをよく言う。「合格解答が書ければそれでいい。まずは七割解答を目指しなさい」とね。

それに、模範解答の多くは本文の言葉をそのまま使わずに、うまく言いかえた表現を使っていることが多いんだ。だから自分の書いた解答と模範解答は一見違うように見えるんだね。でもね、これもさっき言ったように、模範解答と同じように書く必要は全くない。きみたちはうまく言いかえようとせずに、なるべく本文の言葉を使って解答を作るというスタンスでいるといいと思うよ。合格解答を書くにはそれで十分。だからこの本でも、【解答例】はあえて「模範解答」みたいなものではなく、きみたち中学受験生でも書けるような、なるべく本文を生かした解答を示している。うまい表現にしようと、変に本文をこねくり回さない方がいい。

Q2 解答が解答欄に入りきらなかったり、逆に解答欄がかなり余ってしまうことが多いのですが――。

A2 記述問題では基本的に、いきなり解答を書くのはおすすめしない。問題用紙の空いているところなどに、解答に書くべき材料（以後、これを「要素」と呼ぶ）をいくつかメモするか、または解答の要素を本文に直接線引きするなどして、**どの要素を解答に入れるのかを決めてから解答を書くのがいい**だろうね。そういう下準備をしてから解答を書けば、字数が多すぎたり少なすぎたりすることはなくなるんじゃないかな。なお、このときに大切なのは、**解答に書くべき要素は多めに用意しておくこと**。そしてそれらを指定字数に合わせて削り、圧縮するイメージで解答を作ること。なぜなら記述問題の採点基準は、〇〇という要素が入っていれば2点、□□という要素が入っていれば3点……というように、加点方式であることが一般的だからね。多めに要素を用意して、それらを圧縮していけば、減点される可能性の少ない解答になる。ちなみに**指定字数がある場合、解答は指定字数の八割以上書くことを目安としよう**。たとえば「60字以内で説明しなさい」とあれば、48字以上、60字以内で書くということだね。

Q3 解答の中に使ってはいけない表現はありますか？

A3 解答の中に使わないように気をつけるべき表現は、大きく分けると次の三つ。それぞれ【例】のように言いかえて表現しなくてはならないね。

(1) 比喩表現

【例】一寸法師は**スーパーマンのような活躍**をした。↓一寸法師は**大活躍**をした。

(2) くだけた表現

【例】一寸法師は**チビのくせに**生意気だ。↓一寸法師は**小さいにもかかわらず**生意気だ。
かぐや姫は求婚者たちに**すごい**無理難題を言いつけた。↓かぐや姫は求婚者たちに**大変な**無理難題を言いつけた。

(3) 擬音語・擬態語

【例】桃太郎は鬼たちを**ばっさばっさと**切り倒した。↓桃太郎は鬼たちを**勢いよく次々に**切り倒した。
大きな桃が**どんぶらこどんぶらこ**と流れてきた。↓大きな桃が**水に浮いたり沈んだりしながら**流れてきた。

Q4 記述問題の解答を書く力はどうやって伸ばしたらいいですか？

A4 それはもちろん、この本に書いてある「記述問題の解き方」を身につけて、それを実際の問題の中で使いながら練習を積み重ねることだよ。だからここでは、「こういう勉強はよくないよ」というのをいくつか話しておこうか。

（1）とにかくたくさんの問題を解く
（2）すぐに模範解答を見る

記述問題の解答を書く力は、**〈「記述問題の解き方」にしたがって自力でなんとか解答を作り上げる〉**ことによってこそ向上するもの。ただやみくもに問題量をこなしても、解答を作り上げる正しいプロセスは身につかないし、ちゃんと自分の解答を作らないうちから模範解答を見て納得したからといって、自分でああでもないこうでもないと苦労して解答を作り上げる努力をしないかぎり、決して記述問題の解答力は上がらないよね。

第三章　練習問題編

【練習問題1】 次の文章を読んで後の問いに答えなさい。（二〇一七年　芝中・改）

建築と情報の関係を考えるために、まずは建築と建物を区別してみることから、話をはじめたい。

①この2つの言葉は字面《じづら》もよく似ているけれど、私たちはちゃんと使い分けている。たとえば「建築する」とか「建築中である」とは言うけれど、「建物する」とか「建物中」とは決して言わない。

「建物」とは文字どおり「建てられた物」であり、物理的なモノそれ自体のことだ。石や木やコンクリートやガラスなどを組み合わせてつくられたモノそのものであり、重さがあり、体積があり、燃えたり、潰《つぶ》れたりする。

それに対し、「建築」という言葉はモノそれ自体を指すと同時に、それをつくる行為《こうい》、つまりコトの意味を含《ふく》んでいる。

「建物」が「建てられたモノ」である、のと対比させていうと、「建築」とは「建て築くコト」だ。つまり、モノとしてだけでなく、コトに意味がある場合、「建物」ではなく「建築」という言葉が用いられる。

また、「建物」や「建築」に似た「建」のつく言葉には、他《ほか》に「建設」「建造」「建立《こんりゅう》」などがある。ニュアンスの差はあるが、どれも「(構造物などを)つくるコト」で、モノを指すためには、それぞれに「物」をつけて、建設物、建造物、建立物と言わなければならない。

「建築」という言葉の面白《おもしろ》さは、それが建てられたモノであり、同時に、建てるというコトである点にある。

建物を建てるという作業を思《おも》い浮《う》かべてみてほしい。どんな情景が目に浮かぶだろうか。長い材木に鉋《かんな》をかける大工の姿、注1鉄骨トラスを吊《つ》り上《あ》げるクレーン、それとも生コン車から送り出されるコンクリートを型枠《かたわく》に注《そそ》ぎ込《こ》むパイプの脈動だろうか。確かにそうした建設現場のすべての行為が「建てる」というコトであり、その積み重ねによって建物が実現するということは間違《まちが》いない。

しかしながら、②どんなに大量のコンクリートを敷地《しきち》に運《はこ》び込んでも、ただ闇雲《やみくも》にぶちまけたのだとしたら、それはただのコンクリートの塊《かたまり》であって、建物と呼ぶことはできない。磨《みが》きあげた材木をどんなに揃《そろ》えても、横たわっている限りはただの材木の束にすぎない。コンクリートの塊や材木の束が、建物になるためには、意味ある位置に、意味ある形で配置され、組み合わされる必要がある。

そこに、「建築家」と呼ばれる人たちが登場する。

建築家は、直接自分で建物をつくるわけではない。レンガを積んだり、ノミをふるったりはしない。建築家は、何を、どこに、どんな形で、どんなふうに置くのか、を決めている。つまり、建物のつくり方をつくるのだ。この、「つくり方をつくる」というコトによって、「建てる」コト全体が統御《とうぎょ》されているからこそ、コンクリートは壁《かべ》になり、材木は柱になり、建物になることができる。

このことを、ミース・ファン・デル・ローエという建築家は「すべてのものを適切な場所におき、すべてのものにその性質に従った役割を与《あた》えることによって、われわれは秩序《ちつじょ》を持ちうるはずである」と言った。

またミースは「二個の煉瓦《れんが》を注意深く置くときに、建築が始まる」とした。煉瓦はどうでもよい。２個というのが本質だ。１個ならどう置いてもただの煉瓦だが、２個目を置くときに両者の「関係」が生まれる。

モノとモノの「関係」が「秩序」だてられていること。その関係が社会に開かれ、使い手を迎《むか》えるとき「機能」が生まれる。一般《いっぱん》に「機能」というものはあらかじめ決まっていると考えられてしまいがちだが、それはかならずしも正確ではない。たとえば、住宅の場合、敷地の中にさまざまな大きさの部屋をバラバラに置いて、それぞれに居間や厨房《ちゅうぼう》、寝室《しんしつ》、書斎《しょさい》などと名前をつけてみたところで、それぞれの部屋がそれぞれの役割をきちんと果たすことができるわけではない。機能もまた、コンクリートや材木と同じように、意味のある位置に、意味のある形で配置され、関係づけられることによって、すなわち秩序だてられることによってはじめてあらわれる——機能する——のだ。そして、諸室として機能しうるよう秩序だてられた物体が、エネルギーの流れの場に適切に置かれ、生じる光や熱や風や音の状態が、そこにいる人間にとって快適な水準で安定していることではじめて、建築が成立する。

そこいらに転がっているコンクリートの塊や材木の束。バラバラに散らばっているさまざまな大きさの部屋。そうした、そのままではわけのわからない複雑で混沌《こんとん》とした状態にある物体と機能に――すなわち「世界」に――秩序を与え、人間にとって了解《りょうかい》可能なものにとりまとめることが、建てるというコト、建築というコトなのだ。

③「建築とは世界を秩序だてることである」なんて聞くと大げさに感じるが、「建築」をこんなふうにより抽象的《ちゅうしょうてき》な水準で了解しておくことが、建築と「情報」の関係を考えていく上で重要な意味をもってくる。

（『14歳からのケンチク学』〈五十嵐太郎編・彰国社〉より）

〈注〉1　鉄骨トラス――地上や地下にしかれたケーブルを防護するもの。

問一　――線部①〈この2つの言葉は字面もよく似ているけれど、私たちはちゃんと使い分けている〉とありますが、〈私たち〉は、〈建物〉という言葉を〈文字どおり「建てられた物」〉の意味で使っています。では、〈建築〉という言葉をどのような意味で使用していると筆者は考えていますか。30字以上、40字以内で説明しなさい。

問二　――線部②〈どんなに大量のコンクリートを敷地に運び込んでも、ただ闇雲にぶちまけたのだとしたら、それはただのコンクリートの塊であって、建物と呼ぶことはできない。磨きあげた材木をどんなに揃えても、横たわっている限りはただの材木の束にすぎない〉とありますが、それはなぜですか。〈建物〉を主語にして45字以上55字以内で説明しなさい。

問三　――線部③〈「建築とは世界を秩序だてることである」〉とありますが、これはどういうことですか。50字以上60字以内で説明しなさい。

【問一／解説】

若：いよいよ【練習問題】だ。いままでやってきたことを実際の入試問題の解答にどう生かしていくか、一つ一つていねいにやっていこう。

ト：はい。よろしくお願いします。

若：**記述問題でまずやらなければならないのは、それがどの問題パターンなのかを判断することだ。**これは前にも言ったけど、大切なことなので繰り返しておくね。どの問題パターンかを見破れないと、問われていることに対してまったくズレた解答を作ってしまう可能性があるからなんだね。

ト：問題パターンというのは、次の四つですね。

《言いかえ問題》　傍線部の言葉を別の言葉でわかりやすく説明する問題

《理由問題》　ものごとの因果関係を説明する問題

《まとめ問題》　ものごとの違いや共通点、またはその内容をまとめる問題

《気持ち問題》　人物の気持ちやその変化を説明する問題

若：その通り。ではトモヤ君、問一はどの問題パターンだと思う？

ト：う～ん、《言いかえ問題》か《まとめ問題》だとは思うんですが……。

若：これは〈建築〉という言葉をどのような意味で使用しているかを説明する問題——つまり、〈建築〉という言葉を別の言葉で説明しなさいということだ。だから《言いかえ問題》のパターン。厳密にいえば、〈建築〉という言葉に傍線部は引いていないけど、ある言葉を別の言葉でわかりやすく説明する問題という意味では同じなんだね。《言いかえ問題》の解き方の手順をおさらいしておこうか。

《言いかえ問題》の解き方の手順
手順❶ 傍線部をいくつかの部分に分ける。
手順❷ それぞれの部分を、別のわかりやすい言葉で言いかえる。
手順❸ ❷でできた文を「わかりやすい解答」に整える。

《言いかえ問題》は、傍線部をいくつかの部分に分け、基本的には本文の言葉で言いかえるのがいい。ただ、今回は「建築」を言いかえるだけだから、いくつかの部分に分ける必要はない。——というか、分けられないね。では、まずは「建築」とはどういうことなのかを説明しているところに注目しよう。**傍線部のルール❹ 傍線部内の言葉と同じ言葉・似た言葉に注目する**だね。

ト：本文に次のようにあります。

（ア）「建築」という言葉はモノそれ自体を指すと同時に、それをつくる行為、つまりコトの意味を含んでいる。（6行目）

（イ）「建築」とは「建て築くコト」だ。つまり、モノとしてだけでなく、コトに意味がある場合、「建物」ではなく「建

築」という言葉が用いられる。（7行目）
（ウ）「建築」という言葉の面白さは、それが建てられたモノであり、同時に、建てるというコトである点にある。（12行目）

若：うん、いいだろう。ただ、30字以上40字以内だから、そんなにたくさんは書けない。どうしてもこれは入れないといけないことに絞っていこう。

ト：でも、どうやってそれを見つければいいんですか？

若：ひとつは、**繰り返し使っている語句に注目すること**だね。繰り返すということは大切なことだからだ。もうひとつは、**「つまり」「すなわち」「要するに」「このように」のような「まとめ言葉」に続く部分。筆者が大切なことをわかりやすくまとめてくれている部分**だね。すると、どうだろう？　必ずこれは入れないといけないことはわかるかな。

ト：繰り返していることや「つまり」の後に注目すると……〈建築はモノであると同時にコトである〉ということでしょうか？

若：それだね。それが中心だ。あとは字数に合わせて、わかりやすい解答を作ればいい。「モノ」とか「コト」だけではわかりづらいから、ここでは「建てられたモノ」「建てるというコト」と表した方がいいね。（解答のルール②　指示語・比喩・わかりにくい表現は具体化して言いかえる）

【問一／解答例】　建てられたモノ自体を指すと同時に建てるというコトの意味を含むもの。（33字）

【問二／解説】

若：この問題パターンは？

ト：「なぜですか」と聞かれているから、《理由問題》だと思います。

若：その通り。では、《理由問題》の考え方は？

ト：え〜と……。

若：「〇〇はなぜか」「〇〇の理由を説明しなさい」の〇〇を「結果」としたときの「原因・理由」の部分を答えればいいんだね。

《理由問題》の解き方の手順をおさらいしておこう。

《理由問題》の解き方の手順

手順❶「〇〇はなぜか」「〇〇の理由を説明しなさい」の〇〇を「結果」とする。
（傍線部が「結果」になっていることが多い）

手順❷「結果」に対する「原因・理由」を本文中から読み取る。
（原則として、物語文・随筆では「気持ち」も入れる）

手順❸「原因・理由＋結果」の文を作り、「原因・理由」と「結果」の因果関係が正しいかどうかを確かめる。

手順❹「原因・理由」の部分を「わかりやすい解答」に整える。（文末は「〜から」）

ト：……先生、ちょっと聞きたいことがあります。この問題のように、傍線部が長いと、何を言っているのかいまいちわかりづらいんです。そういうときはどうすればいいですか？　何かいい方法ありませんか？

若：なかなか難しい質問だね。文章を読み取れないことを簡単に解決できる方法があれば、それこそ私が知りたいくらいだよ。……でもね、ちょっとしたコツは、あるにはある。ただ、いまから話す方法は、あくまで問題を解くときのちょっとしたコツにすぎない。これを知ったからといって、難しいと感じる文章を読めるようになるわけではないからね。

ト：はい、わかりました。

若：それはね、例の「短く分けて考える」にちょっと似ているんだ。長いから難しく感じるわけだから。だからこういう場合、**主語と述語に注目して読んでみる**んだ。どういうことかというとね、たとえばこの傍線部②だったら、

〈それ（＝闇雲にぶちまけたコンクリート）は建物と呼ぶことはできない。横たわっている材木はただの材木の束にすぎない〉

というくらいに、**主語と述語以外の部分を適度に取りはらって、ざっくり短くしてみる。**

ト：ああ、なるほど！　それなら意味がわかります！

若：これくらい短くすれば、〈それ（闇雲にぶちまけたコンクリート）は建物と呼ぶことはできない。横たわっている材木はただの材木の束にすぎない〉のはなぜなのか、その「原因・理由」の部分は本文に見つかるだろう？

ト：はい。それだったらたぶん――傍線部のすぐ後ろにある、次の部分だと思います。

（ア）コンクリートの塊や材木の束が、建物になるためには、意味ある位置に、意味ある形で配置され、組み合わされる必要がある（20～21行目）

若：だろうね。でも、設問には、「〈建物〉を主語にして」とあるね。すると？

ト：〈建築になるためには、コンクリートの塊や材木の束が、意味ある位置に、意味ある形で配置され、組み合わされる必要がある〉なんてどうですか？

若：意味は間違っていないけどね。ただそれだと、順番を入れ替えただけで、〈建物〉が主語になっていない。「建物は」で書き出してみるとどんな感じになるかな？　多少、言葉を変えなければいけない部分が出てくると思うけど。

ト：〈建物は、コンクリートの塊や材木の束が、意味ある位置に、意味ある形で配置され、組み合わされたものだから〉という感じですか？

若：うん。では、この答えが正しいかどうかを確かめるにはどういうすればいいんだっけ？

ト：これは覚えています！「原因・理由＋結果」の文にしてみて、因果関係が正しいかどうかを確かめるのですね！

〈**建物は、コンクリートの塊や材木の束が、意味ある位置に、意味ある形で配置され、組み合わされたものだから（原因・理由）**、それ（闇雲にぶちまけたコンクリート）は建物と呼ぶことはできない。横たわっている材木はただの材木の束にすぎない。（結果）〉

若：どうかな？

ト：はい、よさそうな気がします。

若：これからもそんなふうにやるといいね。

【問二／解答例】　建物は、コンクリートの塊や材木の束が、意味ある位置に、意味ある形で配置され、組み合わされたものだから。（51字）

【問三／解説】

若：問三の問題パターンを確認しておこう。

ト：「建築とは世界を秩序だてることである」とはどういうことか、その言葉の意味を説明する問題ですから……《言いかえ問題》ですか？

若：正解。《言いかえ問題》は、傍線部を別の言葉でわかりやすく説明すればいいんだね。

ト：本文中の言葉を使って、ですよね？

若：その通り。ところでトモヤ君。問一も《言いかえ問題》だったけれど、あれは「建築」という短い言葉を言いかえるだけの問題だった。ところが今度は、「建築とは世界を秩序だてることである」という比較的長い文章を言いかえて説明しなければいけない。一気に言いかえようとすると難しいね。だからこういうときこそ、短く分けて考えるのがいい。つまり、傍線部をいくつかの部分に分けてそれぞれの部分を言いかえるのがコツだね。（**傍線部のルール❷　傍線部はいくつかの部分に分けて考える**）

ト：そういえば、前にやりましたね。

若：大切なことだから、もう一度復習しておこう。たとえばこんなふうに傍線部を分けてみるんだ。

（1）建築とは／（2）世界を／（3）秩序だてることである

それで、（1）～（3）それぞれの部分について、**そのままではわかりにくい言葉は別の言葉に置きかえてみる**というわけ。この場合、（1）「建築」はそのままでいい。ただし、（2）「世界」とは何を表すのか。（3）「秩序だてる」とはどういうことか。このあたりは本文中のわかりやすい別の言葉で言いかえる必要があるね。いっしょにやってみよう。

まず、（２）「世界」とは何のことだろう。

ト：う〜ん、難しいな……。

若：こういうときは、「世界」という言葉が使われている別の箇所を探してみるといいよ。（傍線部のルール❹ 傍線部内の言葉と同じ言葉・似た言葉に注目する）

ト：そうでした、忘れていました。――すると……あ、見つけました。

（ア）そこいらに転がっているコンクリートの塊や材木の束。バラバラに散らばっているさまざまな大きさの部屋。そうした、そのままではわけのわからない複雑で混沌とした状態にある物体と機能に――すなわち「世界」に（39〜40行目）

とありますから、「世界」とは、〈そのままではわけのわからない複雑で混沌とした状態にある物体と機能〉のことだと思います。

若：よく見つけたね。それでいいだろう。では次に、（３）「秩序だてる」とは？（傍線部のルール❹ 傍線部内の言葉と同じ言葉・似た言葉に注目する）

ト：これはすぐ近くに、

（イ）秩序を与え、人間にとって了解可能なものにとりまとめること（40〜41行目）

とありますから、これをそのまま使って、〈秩序を与え、人間にとって了解可能なものにとりまとめること〉でいいのかなと。

若：そう。そんなふうに、できるだけ本文の言葉を使うというスタンスでいいね。では、これらをうまくつなぎあわせて言いかえてみようか。（1）「建築とは」はそのまま使えばいいよ。

ト：はい。こんな感じでどうですか。

（1）建築とは／（2）世界を／（3）秩序だてることである

←

（1）建築とは／（2）そのままではわけのわからない複雑で混沌とした状態にある物体と機能に／（3）秩序を与え、人間にとって了解可能なものにとりまとめること

若：おお、いいじゃない！　あとは指定の字数内に、解答として整えればいい。

ト：なるほど、こうやればいいんですね！

【問三／解答例】　建築とは、複雑で混沌とした状態にある物体と機能に秩序を与え、人間にとって了解可能なものにとりまとめることだということ。（59字）

【練習問題２】次の文章を読んであとの問いに答えなさい。（武蔵中　二〇一八年・改）

（注）筆者は、世界最先端のアンドロイド（ヒト型ロボット）を開発し、世に送り出している研究者である。

ロボットは人間の活動を助け、人を感動させ、人よりも優《すぐ》れた能力を発揮する。

では人間は不要になっていくのか。

「ロボットが人間の仕事を奪《うば》う」「人間はロボットに支配される」といったタイトルの本や記事が、近年では少なくない。近い将来、ロボットに、とくにヒト型ロボットに仕事が取って代わられることに対して、ひとびとは強い恐怖を感じているように思う。

しかし考えてみてほしい。

これまでもさまざまな機械が、人の仕事に取って代わってきたではないか。

たとえば荷物を運ぶ仕事は、電車や飛行機、フォークリフトやダンプカーを使って行われるのが当たり前になった。計算は電卓《でんたく》や*Excel《エクセル》にやらせるものになったし、世の中の家電の大半は、おおむかしなら奴隷《どれい》が行っていた仕事を代わりにやらせているようなものだ。

であれば、なぜひとはロボットが人間の領域に踏《ふ》みこんでくることに、おそれを抱《いだ》くのか。

その前に考えなければいけないのは、そもそも「技術」とは何か、ということである。人間の能力、ひとがやってきた仕事を機械に置き換《か》えるのが「技術」、テクノロジーの本質である。人間の手でやるにはめんどうくさいこと、時間がかかること、努力しなければいけないことを代わりに機械にやらせているわけだ。つまり、人間の能力から発想を得て技術や機械はつくられている。たとえ自動車やスマートフォンであっても、それらが人間のしてきた仕事を置き換えていることには違《ちが》いない。

　では、それらの技術とアンドロイドは何が違うのか。どうして人はアンドロイドに「負ける」などと抵抗《ていこう》を感じるのか。ロボットが、人間の姿かたちをしているからだ。自動車や電化製品は形状から言っても「人間を助けるもの」であって「人間の役割を置き換えてしまうもの」には見えにくい。人間と姿かたちが近いがゆえに、ひとびとは、自分の価値とロボットの価値を暗黙的《あんもくてき》に比べてしまう。

　僕のチームが開発してきたジェミノイドや、接客をするアンドロイド「ミナミ」などは、この度合いが顕著《けんちょ》である。さらには、人間にしか不可能であると思われていた知的活動——思考や心のありよう、言葉を使ったコミュニケーション、芸術活動までがもはや実現しかけている。ゆえにロボットを見た者は、直接的に「ロボットが人間に置き換わる」ことを連想し、人間からなにかが奪われるような感覚をおぼえるのだろう。

（『アンドロイドは人間になれるか』文春新書〈石黒浩《いしぐろひろし》・文藝春秋〉の文章による）

（注）Excel（エクセル）……表計算ソフトウェアの名称。

問「それらの技術とアンドロイドは何が違うのか」とあるが、

（1）「それらの技術」と「アンドロイド」とはどのようなところが共通していますか。（80字程度目安）

（2）「それらの技術」と「アンドロイド」とはどのようなところが違うのですか。（160〜200字程度目安）

【問（1）／解説】

若：これは《まとめ問題》だ。《まとめ問題》とは、ものごとの違いや共通点、またはある内容についてまとめる問題だね。

ト：この問題は「どのようなところが共通していますか」とあるので、共通点について書かれているところを本文中から探して、それらをまとめればいいんですよね？

《まとめ問題》の解き方の手順

手順❶ 説明すべき部分を本文中から見つける。（具体例ではなく、具体例をまとめた部分から）

手順❷ ❶で見つけた部分を「わかりやすい解答」としてまとめる。

若：よく覚えていたね。ところでこの傍線部には「それらの技術」という指示語があるね。**傍線部に指示語がある場合、それが何を表しているかをはっきりさせないといけない。**（傍線部のルール❸ 傍線部内の指示語・比喩・わかりにくい表現は具体化して言いかえる）まずはこれが何を指しているのかを確認しよう。トモヤ君、「それらの技術」とは何を指しているかな？

ト：すぐ前にある「自動車やスマートフォン」（15行目）だと思います。

若：よろしい。ではこの問題は、「自動車やスマートフォン」と「アンドロイド」の共通点を探せばいいことになる。本文中からそれが書いてあるところを探してみようか。**具体例ではなく、具体例をまとめた部分から探すことがコツだよ。**「自動車やスマートフォン」も「アンドロイド」も、ともに技術であることには変わりない点に着目しよう。

ト：次のあたりだと思うのですが。

（ア）人間の能力、ひとがやってきた仕事を機械に置き換えるのが「技術」、テクノロジーの本質である（12〜13行目）

（イ）人間の手でやるにはめんどうくさいこと、時間がかかること、努力しなければいけないことを代わりに機械にやらせているわけだ。つまり、人間の能力から発想を得て技術や機械はつくられている（13〜15行目）

（ウ）それらが人間のしてきた仕事を置き換えていることには違いない（15〜16行目）

若：ＯＫ。ではこれらを80字程度にまとめていくんだけど――。

ト：あの、若杉先生。これはちょっと長すぎてまとめきれないように思うのですが……。もう少し書く内容を少なく見つけた方がいいんですか？

若：いや、**解答に入れる内容は多めに見つけておく方がいい**。最後に調整が利くからね。多めに見つけて不要なところを削る。その方が、少ない内容を引き延ばした解答よりも完成度の高い解答になる。

ト：わかりました！

若：ではトモヤ君。（ア）〜（ウ）をまとめていこう。よく見てみると、（ア）の「人間の能力、ひとがやってきた仕事を機械に置き換える」と、（ウ）の「人間のしてきた仕事を置き換えている」は、ほとんど同じことを言っているね。

ト：あ、本当だ！

若：こういう**同じ内容のところは別々に書くのではなくて、一つにまとめる**といいね。そうすれば字数を短縮できる。

ト：では、（ア）と（ウ）を一つにして――〈人間の能力や仕事を置き換えている〉というのはどうですか？

若：いいね。では、全体をまとめてみて。文末は「〜ところ」だ。（解答のルール④　文末表現に注意する）

ト：〈人間の手でやるにはめんどうくさいこと、時間がかかること、努力しなければいけないことをやるために、人間の能力から発想を得てつくられ、人間の能力や仕事を置き換えているところ。（85字）〉なんてどうですか。

若：よく書けているね。いいでしょう。

【問（1）／解答例】人間の手でやるにはめんどうくさいこと、時間がかかること、努力しなければいけないことをやるために、人間の能力から発想を得てつくられ、人間の能力や仕事を置き換えているところ。（85字）

……………………………………

【問（2）／解説】

ト：これも《まとめ問題》ですね。ただこちらは、「どのようなところが違うのですか」とありますから、違いについてまとめる問題ですね。

若：考え方は？

ト：違いが書かれているところを本文中から探してまとめる、ですね。**具体例をまとめた部分に着目することが大事**でした。

若：では本文中から「それらの技術（＝自動車やスマートフォン）」と「アンドロイド」の違う点を探してみよう。「それらの技術」と「アンドロイド」のそれぞれについて本文から短く抜き出すよ。

ト：「それらの技術（自動車やスマートフォン）」については、次の（ア）だけだと思います。

（ア）（自動車や電化製品は）形状から言っても「人間を助けるもの」であって「人間の役割を置き換えてしまうもの」には見えにくい（18〜19行目）

一方、「アンドロイド」については、

（イ）ロボットが、人間の姿かたちをしている（18行目）

（ウ）人間と姿かたちが近いがゆえに、ひとびとは、自分の価値とロボットの価値を暗黙的に比べてしまう（19～20行目）

あたりでしょうか。

若：もう少し先にも書いてあるね。

ト：あ、本当だ。「さらには」の先にもありました。

（エ）人間にしか不可能であると思われていた知的活動――思考や心のありよう、言葉を使ったコミュニケーション、芸術活動までがもはや実現しかけている。ゆえにロボットを見た者は、直接的に「ロボットが人間に置き換わる」ことを連想し、人間からなにかが奪われるような感覚をおぼえるのだろう（22～24行目）

若：《まとめ問題》の中でも「違いをまとめる問題」の書き方については一言いっておこう。**たとえば「AとBの違いを説明しなさい」という問題の場合、「Aは～だが、Bは～だ。」とか「Aは～だ。一方（それに対して）、Bは～だ。」という型で書くのがわかりやすいね。**

ト：「それらの技術」については短いからわかりやすいですけど、（イ）～（エ）の「アンドロイド」については、まとめるのが難しいです。

若：こういうときは、なくてもよい修飾語や具体例は省いたり、同様の繰り返し表現は適当にひとつにまとめてみる。たとえば（イ）～（エ）について、こんな感じはどうだろう。

（イ）（ウ）→人間と姿かたちが近いから、人は自分とロボットの価値を暗黙的に比べてしまう。

（エ）↓人間にしか不可能であると思われていた知的活動までも実現しかけているため、「ロボットが人間に置き換わる」ことを連想し、人間からなにかが奪われるような感覚をおぼえる。

ト：なるほど！　これだけでもぐっとわかりやすくなりますね。

若：では、ここまでのことをまとめておこう。

「それらの技術」……形状から言っても「人間を助けるもの」であって「人間の役割を置き換えてしまうもの」には見えにくい

「アンドロイド」……人間と姿かたちが近いから、人は自分とロボットの価値を暗黙的に比べてしまう／人間にしか不可能であると思われていた知的活動までも実現しかけているため、「ロボットが人間に置き換わる」ことを連想し、人間からなにかが奪われるような感覚をおぼえる

あとはこれらをうまくつなぎ合わせればいい。今回は字数が長いので文章を分けて、「Aは〜だ。一方、Bは〜だ。」で書いてみる。文末は「〜ところ」だね。（**解答のルール④　文末表現に注意する**）

【問（２）／解答例】「それらの技術」は形状から「人間を助けるもの」であって「人間の役割を置き換えてしまうもの」には見えにくい。一方、アンドロイドは人間と姿かたちが近いから人は自分とロボットの価値を暗黙的に比べてしまい、さらにアンドロイドは人間にしか不可能であると思われていた知的活動までも実現しかけているため、人は「ロボットが人間に置き換わる」ことを連想し、人間からなにかが奪われるような感覚をおぼえてしまうところ。（199字）

【練習問題3】次の文章を読んで後の問いに答えなさい。（二〇一五年　芝中・改）

アンパンマンが絵本としてひそかに出発したとき、日本のスーパーヒーローたちはだれもが強大な敵と華々《はなばな》しく戦い、高度成長で潤《うるお》う日本を守るため、悪者たちを打《う》ち倒《たお》していた。それに比べてアンパンマンはどうだろうか。注1ひもじい思いをしている人のもとに下り立ち、みずからの顔を食べさせていたのだ。しかも、贅沢《ぜいたく》な食べ物とはいいがたいあんパンを。

同時代のヒーローたちと比べてみると、アンパンマンのユニークさがいちだんと際立《きわだ》っていることがよくわかる。

（中略）

「怪傑アンパンマン」の連載終了《しゅうりょう》の翌月号に書いた「アンパンマン雑記帳」で、注2やなせはアンパンマン執筆《しっぴつ》の動機について、「あたりじゅうメチャメチャに踏《ふ》み荒《あ》らしても、被害者《ひがいしゃ》に謝《あやま》りにいったりしない」スーパーヒーローたちへの違和感《いわかん》を表明し、「本当の正義とはいったい何だろう」と問いかけ、「我々が本当に助けてもらいたいのは、たとえば、失恋《しつれん》して死にそうな時、おなかがすいてたおれそうな時、あるいは旅先でお金がなくなった時、その他いろいろあるわけで、そういう細かいところに気がつく優《やさ》しいスーパーマンがいてほしい」（『詩とメルヘン』一九七六年六月号）と述べている。

このあと、やなせは子供のころ遠出をして財布《さいふ》を落とし、ひもじく寂《さび》しい思いで遠い道のりを歩いて帰ろうと思っていると、友だちとその母に出会い、買ってもらったあんパンが体と心にしみわたったという体験を語っている。

世間の悪と戦う大文字のヒーローではない、弱い人を人知れず救う小文字のヒーロー。それがアンパンマンなのだ。

（中略）

ここで注目すべき点は、飢《う》えている人にみずからの顔を差し出し、その顔をかじってもらうということだ。最初にアンパンマンをかじるのは、砂漠《さばく》でお腹《なか》をすかせた男の旅人で、旅人はアンパンマンが差し出した顔をかじり、元気を取《と》り戻《もど》す。

顔のほぼ半分がなくなったアンパンマンは、次に森で迷子になり、お腹を空《す》かして泣いている子どもを見つけ、背中に乗せて家に送る途中《とちゅう》、その子供に顔をかじらせて、ついに顔全体がなくなってしまう。その後、雨にあい弱ったアンパンマンは、パン工場の煙突《えんとつ》に墜落《ついらく》し、のちにジャムおじさんとなるパン作りのおじさんに顔を作り直してもらう。

絵本には、しっかりとかじられたアンパンマンの顔が描かれている。顔を差し出してかじってもらっているため、かじられた部分は、歯形のあとがつき、生々しく不規則でぎざぎざだ。かじる行為《こうい》をうながされた相手も、最初はためらいを見せる。砂漠で飢えた旅人は「そんなおそろしいことはできません」と断るし、背中に乗った子どもも「かおがなくてもだいじょうぶなの」と心配する。

作者のやなせは「この最初の本で、ぼくが描きたかったのは、顔を喰《た》べさせて、顔がなくなってしまったアンパンマンが空を飛ぶところだ」（『時代の証言者』）と述べている。自分を犠牲《ぎせい》にして相手を助ける姿を描きたかったのである。自分を相手に食べてもらう、これほどわかりやすい自己犠牲もない。しかし、助けられる人々は弱い立場の善良な人たちだから、このような明らかな自己犠牲にためらいを感じる。作者はそうした反応もしっかり書《か》き込《こ》んでいる。

こうして顔をなくしたアンパンマンはエネルギーを失って弱ってくる。やなせは先ほど引用した文章に続けて、「顔がなくなってしまったアンパンマンは、エネルギーを失って失速する。この部分が描きたかったのだ」とも述べている。弱いアンパンマンは、アンパンマンの行為がまさに自己犠牲であったことを示している。そこに込められているのは、「傷つくことなしに正義は行えない」（同書）という、やなせの重いメッセージである。

（福田育弘『いただきまーす！アンパンマン　―日本的な飲食の感性を体現するヒーロー』
ユリイカ2013年8月臨時増刊号（青土社）より　作問の関係上、一部省略があります）

〈注〉1　ひもじい――空腹で我慢できない状態。　2　やなせ――「アンパンマン」の作者やなせたかしのこと

問　〈アンパンマン〉の作者やなせたかしは、〈本当の正義〉とは、どのようにすることだと考えていますか。それは誰がどうなった時に行われるかも含めて、35字以上45字以内で説明しなさい。

若：これはちょっと面白い問題だね。
ト：アンパンマンにはそういう意味があったんですか……。知らなかったな。
若：さて、トモヤ君。この問題のパターンは何だろう？
ト：う〜ん、「本当の正義」についてまとめるから……《まとめ問題》ですか？
若：そう。ただしこれは《まとめ問題》の中でも「内容をまとめる問題」に当たるね。
ト：ところで、先生。ここまで記述問題のパターンが順々に出てきていますけど、もしかして、扱う問題の順番にも気を配っているのですか？
若：それはそうでしょう。
ト：案外、気を使ってくれているんですね。
若：「案外」というのが余計だけどね。
ト：あ、すみません！
若：よし、では問題に入ろうか。《まとめ問題》の中でも「内容をまとめる問題」というのは、ある事柄について本文中に書かれていることをまとめる問題だ。この問題では「本当の正義」についてまとめればいい。
ト：でも文章が長くて、どこをどうとらえてよいか……。
若：もちろん、**具体例をまとめた部分に着目する**んだよ。そして、長いままだと難しく感じられるから、**短く分けて**

考えるんだ。一気にはできない。また、こういうときはね、前にも【練習問題1】でやったように、設問にある「本当の正義」という言葉や、それと同様の言葉に注目して探してごらん。（傍線部のルール❹　傍線部内の言葉と同じ言葉・似た言葉に注目する）どういうことかというと、たとえばね、

（ア）「本当の正義とはいったい何だろう」（9行目）

とあるでしょう。ここに注目してみると、その答えとしてすぐ後に、

（イ）「我々が本当に助けてもらいたいのは、たとえば、失恋して死にそうな時、おなかがすいてたおれそうな時、あるいは旅先でお金がなくなった時、その他いろいろあるわけで、そういう細かいところに気がつく優しいスーパーマンがいてほしい」（9〜11行目）

なんてことが書いてある。他にはどこかあるかな？

ト：最後にこんなふうにあります。

（ウ）「傷つくことなしに正義は行えない」（31〜32行目）

若：つまり、正義を行うとは傷つくことをともなうというわけだ。ところで、「傷つくこと」とは、ここでは何だろうね？

ト：……「自己犠牲」ですか？　そういえばこの言葉、何度も繰り返し出てきます。

若：たとえば？

ト：「自己犠牲」またはそれと同じようなことが書いてある部分を抜き出すと……こんなにあります！

（エ）自分を犠牲にして相手を助ける姿を描きたかったのである（26行目）

（オ）自分を相手に食べてもらう、これほどわかりやすい自己犠牲もない（26〜27行目）

（カ）助けられる人々は弱い立場の善良な人たちだから、このような明らかな自己犠牲にためらいを感じる（27行目）

（キ）弱いアンパンマンは、アンパンマンの行為がまさに自己犠牲であったことを示している（30〜31行目）

若：これだけ繰り返し出てくるということは筆者にとって「自己犠牲」というのは重要な言葉なんだよ。**こういう繰り返し出てくる言葉はキーワードとして、解答の中に入れるのがいいね。**（エ）と（オ）から、どうやら本当の正義とは、〈自分を犠牲にして相手を助けること〉（16字）あたりのことは言えそうだとわかるね。

ト：でもそれだと字数に足りません。

若：うん。まずね、「相手」というのが誰を指しているのかわからない。これだと**わかりやすい解答**とは言えないね。そういうときはどうするんだっけ？

ト：**解答のルール②　指示語・比喩・わかりにくい表現は具体化して言いかえる**でした。すると、「相手」とは……助けられる人のことだから……あ、（カ）に「弱い立場の善良な人たち」とありますね。だからさっきの〈自分を犠牲にして相手を助けること〉（16字）は、〈自分を犠牲にして弱い立場の善良な人たちを助けること〉（25字）と考えられます。

若：そこまではいいでしょう。トモヤ君、ここで設問をもう一度確認してみよう。設問にはわざわざ「誰がどうなった時に行われるかも含めて」とある。これは出題者からの大きなヒントだね。「誰が」というのは「弱い立場の善良な人たち」のことでしょう。では、「どうなった時」とはどんなときのことだろう？

ト：（イ）に「失恋して死にそうな時、おなかがすいてたおれそうな時、あるいは旅先でお金がなくなった時」とありますが、これはさすがに長すぎますよね。

若：短く考えると、それはどんな時だろうね。

ト：短く考えると……〈困っている時〉でしょうか。

若：そう、それでいいんじゃないかな。つまり、設問のヒント「誰がどうなった時に行われるかも含めて」については、〈弱い立場の善良な人たちが困っている時〉（18字）と考えられるね。では、解答としてまとめてみよう。

ト：〈自分を犠牲にしてでも、弱い立場の善良な人たちが困っている時には助けること。〉（37字）とか、多少順序を入れ替えて、〈弱い立場の善良な人たちが困っている時には、自分を犠牲にしてでも助けること。〉（37字）ではどうですか。

若：いいね。両方ともそのまま解答例としておきましょう。

【解答例】（1）自分を犠牲にしてでも、弱い立場の善良な人たちが困っている時には助けること。（37字）
（2）弱い立場の善良な人たちが困っている時には、自分を犠牲にしてでも助けること。（37字）

【練習問題4】次の文章を読んで後の問いに答えなさい。なお、問題作成上、中略したり表記を改めたりしたところがあります。（二〇一七年　栄光学園・改）

「蓼《たで》食う虫も好き好き」という諺《ことわざ》がある。

タデという植物は、とても辛味《からみ》がある。しかし、そんなタデでさえも、ちゃんとそれを食べる害虫がいる。そのように、人の好みはさまざまであるという意味である。

植物はさまざまな物質で身を守っているが、必ずと言っていいほど、その植物を害する昆虫《こんちゅう》が存在する。しかも、①昆虫の中には、特定の種類の植物しか食べないという偏食《へんしょく》家が多い。

たとえば、モンシロチョウの幼虫のアオムシは、キャベツなどアブラナ科の植物だけを食べる。他の植物は食べることができないのである。同じように、アゲハチョウの幼虫は、ミカンなどの柑橘《かんきつ》類だけをエサにしている。一方、アゲハチョウの仲間でもキアゲハは、ニンジンやパセリなどのセリ科の植物しか食べることができない。

このように、昆虫の中には決まった植物しか食べられないものが多い。

どうして、昆虫たちは、こんなにも偏食家なのだろうか。

すべての植物は、昆虫に食べられないように毒を作り、それに応じて昆虫はその毒に対応して進化していく。すると植物はさらに新たな毒を作り、昆虫はその毒に対応する。もう、こうなると乗りかかった舟《ふね》、今さら新しい植物に手を出して一から突破《とっぱ》する方法を組み立てるよりも、少し工夫《くふう》して今まで食べてきた植物を食べる方が早い。そして、昆虫は植物の防御《ぼうぎょ》を突破し、一方の植物も再び新たな防御法を作る。この繰《く》り返しによって、ある植物とある昆虫が一対一のライバル関係のように進化していくのである。

こうなると他の昆虫は置いてけぼりである。他の昆虫たちは、とても進化した防御システムを突破することはできない。

そして、ずっと戦いを繰り返してきたライバルとなる昆虫だけが、まさに戦いの最中の段階にあって、かろうじてその植物を食べることができるのである。

このように一対一の関係で、進化が進んでいくことは「共進化」と呼ばれている。

ところが、世の中には②悪知恵《わるぢえ》がはたらく生き物もいるのである。植物がせっかく作った毒を、逆に利用する悪いやつまで現れた。

ウマノスズクサは、アリストロキア酸という毒成分で身を守っている毒草である。驚《おどろ》くことにジャコウアゲハというチョウの幼虫は、この毒草をエサにしているのだ。そして、あろうことか、ジャコウアゲハはウマノスズクサの毒を、自らの体内に蓄《たくわ》えてしまうのである。捕食《ほしょく》者である鳥は、この毒のせいでジャコウアゲハの幼虫を食べることができない。

こうしてジャコウアゲハは、ウマノスズクサの毒で身を守るのである。

毒は身を守るのに最高の防御物質だが、毒を作り出すことは簡単ではない。そこで、ジャコウアゲハは、ウマノスズクサが苦労して作り上げた毒を横取りしてしまうのである。

ウマノスズクサは、自分の身を守るために毒成分を生産した。それなのに、好き放題食べられた挙句《あげく》に、せっかく作った毒まで取り上げられてしまうのだから、本当にやりきれないだろう。

そして、ジャコウアゲハは体内に溜《た》めた毒に守られながら、のうのうと葉を食べ続けるのである。芋虫《いもむし》にとって天敵は鳥である。そのため、一般《いっぱん》に芋虫の類《たぐ》いは、葉の裏に隠《かく》れながら葉を食べていたり、昼間の間は隠れていて、暗くなってから這《は》い出てきて葉を食べたりする。ところが、毒で守られたジャコウアゲハは鳥に襲《おそ》われる心配がない。そのため、昼間から葉の上で堂々と葉を食べているのである。

また、ふつうの芋虫は、葉と同じ緑色をしていて身を隠しているが、ジャコウアゲハは違《ちが》う。黒色に赤い斑点《はんてん》という目立つ色で、自分の存在をアピールしている。警戒《けいかい》色と言われるが、食べられるものなら食べてみろとばかりに鳥に見せつけているのである。

こうしてウマノスズクサから奪《うば》った毒をジャコウアゲハが簡単に手放すはずがない。憎《にく》たらしいことに、ジャコウアゲハは成虫になっても、幼虫のときに蓄えた毒成分を持ち続けている。そして、ジャコウアゲハの成虫も黒い羽に赤い斑点という毒々しい警戒色をしているのである。

ジャコウアゲハは他のチョウと比べると、ひらひらとゆっくりした羽の動きで悠々《ゆうゆう》と空を飛んでいる。これも、他のチョウと誤って食べられないように、わざと目立たせて有毒なチョウであることを鳥にアピールしているのである。

それだけではない。ジャコウアゲハは次世代の卵を産むときに、卵の表面に毒成分を塗《ぬ》り付けて、ウマノスズクサに産み付ける。そして、卵から孵《かえ》った幼虫は、まず自分の卵の殻《から》を食べ毒を手に入れる。そしてその後は、毒草のウマノスズクサを食べて毒を補給していくのである。こうして、体内に取り入れたウマノスズクサの毒を、生涯《しょうがい》を通じてフル活用しているのである。

（中略）

ヘクソカズラも毒成分で身を守る植物である。

ヘクソカズラの名前は「屁《へ》」と「糞《くそ》」に由来している。つまり、「屁糞かずら」なのである。

ヘクソカズラの名前の由来は、悪臭《あくしゅう》を放つことによる。この臭《にお》いの成分がペテロシドと呼ばれる物質である。このペテロシドは硫黄《いおう》化合物の一種で、分解するとメルカプタンという臭《くさ》いにおいのする揮発性のガスになる。こうして身を守っているのである。

ところが、これだけ臭いにおいで身を守っているにもかかわらず、ヘクソカズラには害虫が色々とついている。ヘクソカズラヒゲナガアブラムシという長い名前のアブラムシも、ヘクソカズラにつく害虫の一つである。

やっかいなことに、このアブラムシは、悪臭成分をものともせずにヘクソカズラの汁《しる》を吸ってしまう。それどころか、このアブラムシは、悪臭成分を自らの体内に溜めこんでしまうのだ。こうして、アブラムシは外敵から身を守るのである。

アブラムシの天敵はテントウムシである。しかし頼《たの》みのテントウムシも、臭いにおいのするアブラムシは食べようとしない。臭いにおいで身を守るというヘクソカズラの戦略は完全に裏目に出てしまっているのである。

アブラムシは、目立たないように植物と同じ緑色をしているものが多いが、このアブラムシはよく目立つピンク色をしている。こうして、そのまずさを誇示《こじ》しているのである。

まさに、ジャコウアゲハがよく目立つ色をしていたのと、まったく同じである。

植物にとって昆虫は敵として手強《てごわ》い。昆虫は世代交代が早いため、さまざまな発達を遂《と》げやすい。そのため、せっかく苦労して強力な毒成分を蓄えても、ついには毒成分に対する対応策を発達させて、防御システムを突破してしまうのだ。毒で撃退《げきたい》するという手段では、昆虫の攻撃《こうげき》を避《さ》けることはできない。それでは、どうすれば良いのだろうか。

その方法こそが、強い毒ではなく、逆に弱い毒を使うという方法なのである。

完全に昆虫の攻撃を防御しようとすると、昆虫の方も本気になってその防御を破ろうとしてくるから、最後には防御網《もう》は突破されてしまう。そればかりか、せっかく作った毒を逆に利用されてしまったのでは、やりきれない。

それでは植物はどうすれば良いのだろうか。

完全にやりこめようとするよりも、少しは食べられても、やられたふりをしながら被害《ひがい》が大きくならないように食い止める方が現実的である。そこで、植物はいくつかのアイデアで対抗《たいこう》している。

その一つが昆虫の成長を促進《そくしん》させることである。

イノコヅチという植物には、昆虫の脱皮《だっぴ》を促《うなが》す成長ホルモンのような物質が含《ふく》まれているという。脱皮をさせて昆虫の成長を手伝うということは、ずいぶん昆虫にとってありがたいことのように思える。どうして、植物は憎らしい害虫のために、親切にもそんな物質を作らなければならないのだろう。

③じつは、これこそがイノコヅチの高度な作戦である。

イノコヅチの葉を食べるイモムシは成長の過程で何度か脱皮を繰り返して成虫になる。ところが、この物質を食べると体内のホルモン系が撹乱《かくらん》を起こし、大して体も大きくならないうちに脱皮を繰り返して早く成虫になってしまうのだ。こうして、葉っぱの上で過ごす成長期間を短くすることでたくさん食べられるのを防ごうというのである。いやなお客は、さっさとお土産《みやげ》を渡《わた》して早々と帰ってもらおうということなのである。

ただ追い払《はら》おうとすれば、昆虫の反撃にあう。そこで、昆虫に食べられるふりをして追い払っているのである。何とも手が込《こ》んだ方法である。

（『たたかう植物――仁義なき生存戦略』ちくま新書〈稲垣栄洋《いながきひでひろ》・筑摩書房〉）

問一　――線部①「昆虫の中には、特定の種類の植物しか食べないという偏食家が多い。」とありますが、なぜ、そうなるのですか。次の空欄に合うように45字以内で答えなさい。（字数には句読点もふくみます。）

すべての植物は毒を作っていて、昆虫はそのことに対応していかなければならない以上、

四十五字以内

問二　――線部②「悪知恵がはたらく」とありますが、ジャコウアゲハの場合、どのような点で「悪知恵がはたらく」と言えるのですか。（40字～50字程度）

問三　「ジャコウアゲハ」と「ヘクソカズラヒゲナガアブラムシ」とに共通するのはどのような点ですか。（40字～50字程度）

問四　――線部③「じつは、これこそがイノコヅチの高度な作戦である。」とありますが、それはどのような作戦ですか。（40字～50字程度）

【問一／解説】

若：こういう動植物の生態なんかは知らないことも多くて、読んでいてなるほどと思うね。

ト：僕も、同じ種類の植物しか食べない昆虫が多いなんて知りませんでした！

若：読書の場合、普通は自分の好きなものしか読まないだろう？　でも、こうやって国語の勉強で文章を読むと、好むと好まざるとにかかわらず、いろいろな種類の文章を読めるからとても勉強になる。そのときは気づかなくても、知らず知らずのうちに役に立っていることが多いものだよ。

ト：なんだかうまく言いくるめられているような……。

若：ではとにかく、いつものように、問一の問題パターンの確認からいこうか。

ト：はい。設問に「なぜ」とありますから、これは《理由問題》です。

若：《理由問題》はこれで二回目だね。考え方は？

ト：「〇〇はなぜか」「〇〇の理由を説明しなさい」の〇〇を「結果」としたときの「原因・理由」の部分を答えます。そして、自分の答えが正しいかを確かめるには、「原因・理由＋結果」の文を作り、その因果関係が正しいかどうかを確認します。

若：よく覚えたね。ここでは傍線部が「結果」だ。では早速考えてみよう。この場合、傍線部①の少し後に「どうして、昆虫たちは、こんなにも偏食家なのだろうか。」とあるから、この問いに筆者自らが答えている部分から探すといいだろうね。

ト：このあたりかなというのを見つけてみました。

（ア）今さら新しい植物に手を出して一から突破する方法を組み立てるよりも、少し工夫して今まで食べてきた植物を食べる方が早い（12～13行目）

若：傍線部①を「結果」として、「原因・理由＋結果」の文にしてみると？

ト：こうなります。因果関係は正しいように思います。

〈今さら新しい植物に手を出して一から突破する方法を組み立てるよりも、少し工夫して今まで食べてきた植物を食べる方が早いから（原因・理由）、昆虫の中には、特定の種類の植物しか食べないという偏食家が多い。（結果）〉

若：見つけた箇所はよさそうだ。でも、このままでは「わかりやすい解答」と言えない。「本文を読んだことがない人にも意味の通じる解答」になっていないと思うからね。特にどのへんがわかりにくいと思う？

ト：前半部分の〈新しい植物に手を出して一から突破する方法を組み立てる〉がわかりづらいと思います。

若：では、**解答のルール② 指示語・比喩・わかりにくい表現は具体化して言いかえる**を使って、その部分を言いかえてみようか。まず、こう長いときには〈（１）新しい植物に手を出して／（２）一から突破する方法を組み立てる〉のように分けて考えるのがいいね。ちなみにここは傍線部ではないけれど、**傍線部のルール❷ 傍線部はいくつかの部分に分けて考える**の考えを利用しているよ。

ト：「（１）新しい植物に手を出す」とは――〈新しい植物を食べてみること〉という意味だと思います。「（２）一から突破する方法を組み立てる」の方は……う～ん、こっちは難しいな。

若：「一からと」いうのは「物事の最初から」というような意味だね。「突破する」とは何を突破するんだろう？「突破」という言葉に注目してみるとどうかな？（**傍線部のルール❹ 傍線部内の言葉と同じ言葉・似た言葉に注目する**）

ト：あ、すぐ後ろに「昆虫は植物の防御を突破し」（13～14行目）とか「防御システムを突破することはできない」（16行目）とありますね！　そうか。「植物の防御」「防御システム」というのは、植物が身を守るために作る毒のことを指しているから――

「（２）一から突破する方法を組み立てる」とは〈植物の毒の最初の段階から対応できるようになる〉ということで

すね。

若：そんなところでいいと思うね。

ト：すると、「原因・理由」の前半部分は次のように言いかえられますね。

新しい植物に手を出して／一から突破する方法を組み立てる

↓

新しい植物を食べてみて、／その植物の毒の最初の段階から対応できるようになる

若：そうだね。あともうひとつ。「少し工夫して今まで食べてきた植物を食べる方が早い」（13行目）とあるけど、ここでの「早い」というのはどういうことだろう？ 何が「早い」んだろうね？

ト：進化、ですか？

若：おお、よく気が付いたね。よし、では解答を作ってみようか。

ト：はい。今考えたことをつなぎ合わせると、次のようになります。

〈新しい植物を食べてみて、その植物の毒の最初の段階から対応できるようになるよりも、少し工夫して今まで食べてきた植物を食べる方が進化が早いから。〉（70字）

若：長いね。指定字数は45字以内だからね。

ト：では、これでどうですか。前半はぐっと縮めました。そして後半は、本文の言葉でさらに言いかえると、〈少し工夫して〜を食べる〉は〈対応していく〉（11行目）ということ、〈今まで食べてきた植物〉は〈特定の種類の植物〉

（5行目）のことですから――

〈新しい植物を食べられるようになるより、特定の種類の植物に対応していく方が進化が早いから。〉（44字）

若：それだけできれば十分。今回のはなかなか骨が折れる問題だったね。

ト：……あの、「骨が折れる」って――

若：苦労するとか、困難な、という意味だよ。

【問一／解答例】　新しい植物を食べられるようになるより、特定の種類の植物に対応していく方が進化が早いから。（44字）

・・・・・・・・・・・・・・・・・・・・・・・・・・・・・・・・・・・

【問二／解説】

ト：先生、さっきの問一のような問題なのですが、あれは一緒に考えてもらったので何とかできたようなものの、まだまだ自分だけではできそうもないです。

若：それでもね、本文の言葉をなるべく利用して言いかえることにはだいぶ慣れてきたと思うよ。それだけでも大きな進歩じゃないか。まだまだこれからだからそう焦らなくて大丈夫。早速、問二のパターンから考えてみよう。

ト：これは――「悪知恵がはたらく」を説明するから、《言いかえ問題》ですか？

若：トモヤ君、設問をよく読もう。「ジャコウアゲハの場合、どのような点で『悪知恵がはたらく』と言えるのですか」とあるね？　これはジャコウアゲハの場合について、「悪知恵がはたらく」点を見つけてまとめようという問題だ。

ト：あ、すると、アンパンマンの「本当の正義」の問題と同じような感じだから、《まとめ問題》ですね。

若：その通り！《まとめ問題》の中でも「内容をまとめる問題」だね。では、トモヤ君。まずは傍線部の理解からいこう。そもそも「悪知恵がはたらく」とはどういうことなのか、いまいちわかりづらいね。だから、**傍線部のルール❸ 傍線部内の指示語・比喩・わかりにくい表現は具体化して言いかえる** によると、どう言いかえられるかな？ なるべく、本文の言葉で。

ト：はい。ええと、すぐその下の「植物がせっかく作った毒を、逆に利用する」（20行目）ことだと思います。

若：ということはこの問題は、「悪知恵が働く」点――言いかえると「植物がせっかく作った毒を、逆に利用する」点を本文中から探して、それらをまとめればいいということがわかるね。

ト：なるほど！ そうやって言いかえてから考えると、わかりやすいですね。

若：そうだね。では、「植物がせっかく作った毒を、逆に利用する」点を短く見つけ出してみよう。

ト：このあたりだと思うのですが――。

（ア）驚くことにジャコウアゲハというチョウの幼虫は、この毒草をエサにしているのだ。（22〜23行目）

（イ）ジャコウアゲハはウマノスズクサの毒を、自らの体内に蓄えてしまうのである。（23〜24行目）

（ウ）捕食者である鳥は、この毒のせいでジャコウアゲハの幼虫を食べることができない。（24行目）

（エ）こうしてジャコウアゲハは、ウマノスズクサの毒で身を守るのである。（25行目）

若：では、重複しているところを削るなどして、解答にまとめてみようか。

ト：（ア）〜（エ）をさらに短く考えると、〈毒草のウマノスズクサをエサにしていること。〉〈ウマノスズクサの毒を体内に蓄えること。〉〈この毒によって捕食者の鳥から身を守ること。〉このあたりをまとめればいいと思うので――

〈毒草であるウマノスズクサをエサにすることでその毒を体内に蓄え、捕食者である鳥から身を守っている点。〉（49字）としてみました。

若：なかなかいいね。**《まとめ問題》はこのように、ある事柄（ここでは「悪知恵がはたらく」点）について本文中に書かれていることをまとめればいいね。**

> 【問二／解答例】　毒草であるウマノスズクサをエサにすることでその毒を体内に蓄え、捕食者である鳥から身を守っている点。（49字）

・・・・・・・・・・・・・・・・・・・・・・・・・・・・・・・・

【問三／解説】

ト：これは共通する点をまとめる《まとめ問題》ですね。

若：パターンの区別はだいぶできるようになったね。

ト：最初はややこしいなと思ったのですが、慣れてくると案外少ないようにも思えてきました。

若：それは頼もしいね。では、問二でジャコウアゲハについて考えたことを参考に、ヘクソカズラヒゲナガアブラムシとの共通点を本文から探っていこう。

ト：まず、ジャコウアゲハが毒を体内に蓄えることで鳥から身を守ったことと同じようなことが、ヘクソカズラヒゲナガアブラムシについて書かれています。

（ア）このアブラムシは、悪臭成分をものともせずにヘクソカズラの汁を吸ってしまう。（54行目）

（イ）このアブラムシは、悪臭成分を自らの体内に溜めこんでしまうのだ。（55行目）
（ウ）こうして、アブラムシは外敵から身を守るのである。（55行目）

若：では、この点について、ジャコウアゲハとヘクソカズラヒゲナガアブラムシの共通点をまとめると？
ト：う～ん……〈毒成分を体内に蓄えて敵から身を守ること〉かなあ。
若：おお、うまく短くまとめたね。では、他にジャコウアゲハとヘクソカズラヒゲナガアブラムシの共通点はある？
ト：ジャコウアゲハについては（中略）の前にこうあります。

（エ）黒色に赤い斑点という目立つ色で、自分の存在をアピールしている。（34～35行目）
（オ）わざと目立たせて有毒なチョウであることを鳥にアピールしているのである。（41行目）

また、同じようなことがヘクソカズラヒゲナガアブラムシについても書いてあります。

（カ）このアブラムシはよく目立つピンク色をしている。こうして、そのまずさを誇示しているのである。（58～59行目）
（キ）ジャコウアゲハがよく目立つ色をしていたのと、まったく同じである。（60行目）

若：おお、よく見つけてきたね。では、これについての共通点を短くまとめると？
ト：これはたぶん……〈目立つ色をして害があることを敵にアピールしていること〉だと思います。
若：いいでしょう。それでは最後に、それらをうまくつなぎ合わせて解答を作ってみよう。

ト：え〜と、これはどうですか？
〈毒成分を体内に蓄えて敵から身を守り、目立つ色をして害があることを敵にアピールしている点。〉（44字）
若：うん。悪くはないけれど、ただつなぎ合わせただけだね。「敵にアピールする」のは、何のためだろうね。
ト：――あ、そうか。それも結局、「敵から身を守るため」ですね。だとすると、「敵から身を守るため」と「敵にアピールする」をうまくまとめるには――先生、こんな解答はどうですか？
〈毒成分を体内に蓄えたり、目立つ色をして害があることをアピールすることで敵から身を守る点。〉（44字）
若：最初に考えた答えよりもずっとよくなったね。

【問三／解答例】　毒成分を体内に蓄えたり、目立つ色をして害があることをアピールすることで敵から身を守る点。（44字）

……………………………………………………

【問四／解説】
ト：これも《まとめ問題》ですか？
若：その通り。「イノコヅチの高度な作戦」とはどのような作戦かを本文から見つけて、まとめればいいんだ。「これこそが」という指示語があるから、「これ」にあたる部分に注目すればいいね。
ト：はい。《まとめ問題》が続いたから慣れてきましたよ。「高度な作戦」とは、次のあたりです。
（ア）イノコヅチという植物には、昆虫の脱皮を促す成長ホルモンのような物質が含まれているという。（71行目）
（イ）脱皮をさせて昆虫の成長を手伝う。（71〜72行目）

（ウ）この物質を食べると体内のホルモン系が攪乱を起こし、大して体も大きくならないうちに脱皮を繰り返して早く成虫になってしまうのだ。（75〜76行目）

（エ）こうして、葉っぱの上で過ごす成長期間を短くすることでたくさん食べられるのを防ごうというのである。（76〜77行目）

（オ）昆虫に食べられるふりをして追い払っているのである。（79行目）

若：うん。ただ、さすがに全て解答には入れられない。だから――

ト：こういうときはいきなりまとめずに、見つけた部分をさらに短く考えてから、でしたよね。

〈イノコヅチには昆虫の脱皮を促す物質が含まれている〉
〈この物質を食べさせることで昆虫を早く成虫にさせる〉
〈葉の上で過ごす成長期間を短くすることでたくさん食べられることを防いでいる〉

（ア）〜（オ）の内容を、こんなふうに三つにまとめてみました。

若：そう。まずは解答の要素を多めに見つけて、あとで削っていくというスタンスがいい。ちなみに「どのような作戦ですか」と聞かれているから、解答の文末表現を「〜作戦」で結ぶことにも気をつけよう。（**解答のルール④ 文末表現に注意する**）

ト：〈脱皮を促す物質を食べさせて昆虫が葉の上で過ごす成長期間を短くし、たくさん食べられるのを防ぐ作戦。〉（48字）というのはどうですか？

若：それだけ書けるようになればだいぶいいね。ちなみに、68〜69行目を利用して、〈少しは食べられても、やられたふりをしながら被害が大きくならないように食い止める作戦。（42字）〉という解答だと、「やられたふりをしながら」とか「被害が大きくならないように食い止める」とはどういうことかがわからない。つまり、「本文を読んだことがない人にも意味の通じる解答」になっていないので、やはり今のトモヤ君のように答えを作るのがいいね。

【問四／解答例】　脱皮を促す物質を食べさせて昆虫が葉の上で過ごす成長期間を短くし、たくさん食べられるのを防ぐ作戦。（48字）

【練習問題5】 次の文章を読んで、後の問いに答えなさい。ただし、［＝ ］は出題者による注です。

（二〇一六年　開成中・改）

だれもいない線路の脇《わき》に荷物を積みあげ、その上に腰《こし》をおろした。いったい自分は何をやろうとしているのだろう。つき刺《さ》すような寒さと闇《やみ》の中にひとりでいると、自分の計画だけが勝手にから回りしているような気持ちになってくる。アラスカ北極圏《ほっきょくけん》にはじめてカリブー［＝鹿《しか》の一種］の撮影《さつえい》に行ったときも、同じような気持ちがした。それでも、カリブーの季節移動をなんとか見ることができたではないか。きっと今度もなんとかなる。

しばらくすると、ヘッドライトをつけたトラックがこちらに向かってきた。ブッシュパイロット［＝未開地専門のパイロット］のアーニーだ。電話で一度話しただけで、会うのははじめてだった。人の良さそうな感じだ。このような撮影をやる場合、これはとても大切なことなのだ。パイロットとして腕《うで》が確かなことはもちろんだが、気が合うかどうか、こちらのやりたいことをどれだけ理解してくれるかが、多くの場合、計画の成否を決めてしまう。ただ飛ぶだけのパイロットはいくらでもいるが、プラスアルファをもっているパイロットはそんなに多くはない。北極圏のパイロット、ブルース・ハドソンのことが頭に浮《う》かぶ。

今晩はアーニーの家に泊《と》めてもらうことにした。トラックに揺《ゆ》られながら、この冬は例年になく雪が多いこと、新しく建てたばかりの家がとても快適なことを話してくれた。1この計画に関しての話は何ひとつしなかった。ときどきトラックが雪にはまりそうになる。深いトウヒ［＝樹木の一種］の森を抜《ぬ》けてゆくと、彼《かれ》の新しい大きな丸太小屋があった。

奥《おく》さんのキャスィが夕食のしたくをして待っていてくれた。大好きなムース［＝鹿の一種］のシチューだ。アーニーがこの秋に獲《と》ったとのことだ。

「当分ろくな物は食えないだろうから、腹いっぱい食べていけ」

「ムースの干し肉もたくさんつくったから、それも持っていくといいわ」

夕食に舌つづみをうちながら、話はムースの狩猟《しゅりょう》に始まり、このごろ大きな議論をまきおこしていたオオカミの間引き［＝数を減らすために殺すこと］問題にまでおよんだ。ムースのポピュレーション［＝個体数］を維持《いじ》するために、オオカミの群れを小型飛行機から撃《う》ち殺してゆくアラスカ野生生物局のやろうとしているプロジェクト［＝新しい計画や行動］のことだ。アラスカじゅうで大きな議論をよび、つい先日、アラスカ大学で公開討論会がおこなわれたばかりだ。

アラスカの人々にとって、狩猟は生活の一部になっている。ムースやカリブーの肉は食生活の中の一角を占《し》めている。野生動物のポピュレーションを維持するためのマネージメント［＝管理］が必要になってくるゆえん［＝理由］である。それが州政府の機関であるアラスカ野生生物局の仕事なのだが、予算の大部分はハンター［＝狩猟者］からのライセンス料［＝登録許可料］で成り立っている。当然ハンターからの圧力が大きくなってくる。今度のオオカミの問題にしても、ムースのポピュレーションを回復させるために、アラスカ野生生物局は早急な措置《そち》［＝対応策］をとらざるをえなかったようだ。鉾先《ほこさき》を向けられたのがオオカミだった。アラスカ大学でおこなわれた公開討論会で、だれかが野生生物局の担当者に質問をした。

「ムースの数が減ってきた原因は、本当にオオカミの数が増えたからなのか」

「わからない。とにかくオオカミを間引きすることによって結果をみようとしているのだ」

自然は人間などが介入《かいにゅう》せず、放《ほう》っておくほうがいいに決まっている。しかし、それは、そこに人間がいない場合の話だ。ムースの数が減っているのならば、マネージメントの鉾先をどうして人間にも向けてこないのだろうか。

ぼくたちはシチューを平らげ、床《ゆか》に寝《ね》ころがって熱いコーヒーをすすった。新築の丸太小屋は木の香《かお》りでいっぱいだった。荒削《あらけず》りの大きな丸太がむきだしのままで、必要なもの以外は何も見あたらないのに、この家にはなんともいえぬ暖かさがあった。暖炉《だんろ》にはシラカバの幹が元気よく燃えていて、家の中は暑すぎるくらいだった。何も考えないで、こんなふうに火を見つめている時間は、なんともいえないものだ。いっそのこと、オーロラの撮影などやめてしまい、このまま帰ってもいいような気持ちになってくる。外の空気を吸おうと思って、むきだしの丸太でできた重いドアを開けると、外は満天の星だった。星が煌《きらめ》くというのは、こういうことをいうのだろう。そういえば、昔、信州の学生村［＝学生が夏に滞在《たいざい》する村］でこんな星を見たことがあった。けれども、アラスカの夜空の天井のほうがずっと低いような気がした。ひどく冷えこんでいるのに、体が熱すぎるため、ちょうどいい気分だった。ぼくはオーロラが出ていないのに少し安心した。山にはいるまで待っていてくれと、何かに向かって祈《いの》りたい気持ちだ。

　家にはいると、アーニーが地図をひろげている。ぼくたちは計画の詳細《しょうさい》について話しはじめた。マッキンレー山南面から流れ出る二つの大きな氷河、トコシトナ氷河とルース氷河がぼくの考えていた候補地だ。アーニーは二つの氷河が流れこむ谷を指しながら、ここなら降りられるだろうと言った。しかし、そこでは標高が低すぎる。もっと高い山の上にベースキャンプをつくらなければならない。しばらく話し合ったあと、とにかく空から可能性のある場所を見つけようということになった。

「ところで、もし着陸できた場合、何日ぐらいキャンプをするつもりなんだ？」

　まだ日数のことは話してなかった。なんとなく言いたくなかったのだ。

「一か月したら迎《むか》えに来てほしいんだ」

　[2]アーニーは黙《だま》りこんでしまった。予想していたことだ。キャスィも急に心配そうな顔になった。アーニーはせいぜい一週間ぐらいと思っていたらしい。しかし、一週間では出るか出ないかわからないオーロラを待つには短すぎる。やるからには、どんなに大変でも撮《と》って帰りたいのだ。

「ミチオ、真冬のアラスカ山脈にはいる奴《やつ》なんて今まで聞いたことがない。マイナス五十度まで下がるんだ。それだけでも危険なのに、ひとりで一か月は長すぎる」

　これまでぼくがアラスカでやってきたことを説明しながらアーニーを説得しなければならなかった。長い間計画し、準備したことだ。それに百パーセント安全な旅などありはしない。アラスカではどんなことでも、自分自身で経験し、学びとっていかなければならない。結果がどうであれ、それだけがこの土地を理解するための方法だ。

（『アラスカ　光と風』〈星野道夫・福音館書店〉）

問一　傍線部1「この計画」とありますが、「ぼく」がこれからしようとしていることについて説明しなさい。

（40字～50字程度）

問二　傍線部2「アーニーは黙りこんでしまった」とありますが、それはなぜですか。説明しなさい。

（50字～70字程度）

【解説／問一】

若：ここからしばらくは「随筆（＝見聞・経験・感想などを記した文章）」と呼ばれるジャンルの問題を扱うけれど、とはいえ、「随筆の解き方」があるわけじゃない。あくまで記述問題の四つのパターンで解けるからね。さて、問一はどのパターンの問題だろう？

ト：「この計画」とあるから、指示語の内容を説明するわけですよね？

若：そう。「この計画」とは何なのか、別の言葉で言いかえてわかりやすく説明するから、《言いかえ問題》だね。設問文をよく見てごらん。「『ぼく』がこれからしようとしていることについて説明しなさい」とあるでしょう？　すると、「この計画」とは、「『ぼく』がこれからしようとしていること」だとわかるね。

ト：あ、ホントだ！　設問文がヒントになっているんですね！

若：その通り。設問文が解答のヒントになっていることってとても多いよ。いつもそういう意識で設問文を読むといいいね。さて、「この計画」＝「『ぼく』がこれからしようとしていること」とは何だろう？

ト：傍線部1よりも前に「このような撮影をやる場合、これはとても大切なことなのだ。」（6行目）とあるので、何かの撮影をするらしいことがわかります。

若：いいところに目をつけたね。こういうときは、**傍線部のルール❹ 傍線部内の言葉と同じ言葉・似た言葉に注目する** を使う。ここでは「撮影」という言葉を本文の他のところに探してみよう。

ト：ずーっと、読んでいくと――あ、「いっそのこと、オーロラの撮影などやめてしまい、このまま帰ってもいいような気持ちになってくる。」（36～37行目）とありますね！　では答えは〈オーロラの撮影〉でいいんですか？

若：確かに「この計画」とは〈オーロラの撮影〉のことなんだろう。ただそう早まっちゃいけない。この問題の指定字数は40字～50字程度。だからオーロラの撮影についてもう少し詳しく書かないといけない。

ト：字数もヒントになるってことか……。

若：そう。オーロラの撮影について詳しく書いていないか、もう少し見てみよう。――すると、その先に「ぼくたちは計画の詳細について話しはじめた。」（42行目）とあるね。計画（オーロラの撮影）の詳細とはどういうことか、いつものように短く分けて見つけよう。

ト：はい。だいたいこのあたりだと思いますが。

（ア）マッキンレー山南面から流れ出る二つの大きな氷河、トコシトナ氷河とルース氷河がぼくの考えていた候補地だ。（42～43行目）

（イ）もっと高い山の上にベースキャンプをつくらなければならない。（44～45行目）

（ウ）「一か月したら迎えに来てほしいんだ」（49行目）

（エ）真冬のアラスカ山脈にはいる（53行目）

（オ）ひとりで一か月は長すぎる（54行目）

若：そうだ。解答の要素は多めに見つけていくのがいい。ただ、これ全部は指定字数に納められないね。こんなときはどうするんだっけ？

ト：同じ内容はまとめたり、わかりやすい言葉に言いかえたりする？

若：そうだね。（ア）をそのまま解答に入れると長すぎるので、これは（エ）の「真冬のアラスカ山脈」という表現で言いかえる。また（ウ）と（オ）から、キャンプの期間は一か月間とわかるね。――では、トモヤ君。ここまでくれば解答が書けそうだろう？

ト：はい。え～と……〈真冬のアラスカ山脈の高い山の上で、一か月間ひとりでキャンプをしながらオーロラを撮影しようとしている。〉（50字）ではどうですか？

若：うん、それでいい。

【問一／解答例】　真冬のアラスカ山脈の高い山の上で、一か月間ひとりでキャンプをしながらオーロラを撮影しようとしている。（50字）

…………………………………………………………

【問二／解説】

ト：これは《理由問題》です。

若：もうこのパターンには慣れたね？

ト：はい。ここでは傍線部2を「結果」としたときの「原因・理由」にあたる部分を本文から探します。この場合、次のあたりだと思います。

(ア) アーニーはせいぜい一週間ぐらいと思っていたらしい。(50〜51行目)

(イ) 真冬のアラスカ山脈にはいる奴なんて今まで聞いたことがない。マイナス五十度まで下がるんだ。それだけでも危険なのに、ひとりで一か月は長すぎる (53〜54行目)

若：因果関係は正しいかな? 傍線部2を「結果」としてつないでみると?

ト：はい。(イ) は多少変えてつないでみました。

(ア)アーニーはせいぜい一週間ぐらいと思っていたらしいから(原因・理由)、アーニーは黙りこんでしまった(結果)

(イ) マイナス五十度まで下がる真冬のアラスカ山脈にはいる奴なんて今まで聞いたことがない。それだけでも危険なのに、ひとりで一か月は長すぎるから (原因・理由)、アーニーは黙りこんでしまった (結果)

若：ＯＫ。では (ア) と (イ) を組み合わせて解答を作ってごらん。

ト：〈真冬のアラスカ山脈はマイナス五十度まで下がり、それだけでも危険なのに、一週間どころかそこにひとりで一か月は長すぎると思ったから。〉(64字) ではどうですか。傍線部を「結果」として一文につないでみると、

〈マイナス五十度まで下がる真冬のアラスカ山脈にはいるだけでも危険なのに、一週間どころかそこにひとりで一か月は長すぎると思ったから (原因・理由)、アーニーは黙りこんでしまった (結果)。〉

となり、因果関係は正しいように思うのですが。

若：悪くはないと思うよ。ただ今回はもう一歩踏み込んで考えてみたい。前に**物語文や随筆の《理由問題》では、解答に「気持ち」を入れておくのがいい**と話したのを覚えてるかな？

ト：そういえばそうでした！

若：まさにこの問題がそれなんだ。「気持ち」を読み取るところはどんなところからだっけ？

ト：人物の「言動（セリフ・行動・表情）」です。

若：では、傍線部2「アーニーは黙りこんでしまった」とあるけれど、「黙りこんでしまった」という行動からアーニーの「気持ち」を考えてみよう。アーニーは、傍線部2のすぐ前の「一か月したら迎えに来てほしいんだ」（49行目）という依頼に対して「黙り込んでしまった」のだね。すると、このときのアーニーの「気持ち」は——

ト：……〈何と答えればよいかわからなかった〉？

若：そうでしょう。また、「真冬のアラスカ山脈～ひとりで一か月は長すぎる」（53～54行目）とあるように、アーニーはこの計画を——

ト：〈やめた方がいいと思っている〉？

若：そういうことだろうね。つまり、アーニーの「気持ち」は、〈やめた方がいいと思っているが、何と答えればよいかわからなかった〉ということ。さっきトモヤ君の作った解答をもとに、字数を調整しながら「気持ち」をプラスすると、次の【解答例】のようになる。参考にしてみてほしい。

【問二／解答例】　真冬のアラスカ山脈にひとりで一か月もいるのはあまりにも危険なのでやめた方がいいと思っているが、何と答えればよいかわからなかったから。（66字）

【練習問題６】次の文章を読んで、後の問いに答えなさい。（二〇一八年　灘中・改）

我ながら、これほど[1]黒糖に目がないのはどうしたことだろう。沖縄《おきなわ》から海を越《こ》えて運ばれるうち、角のとれた小さなかけら。その褐色《かっしょく》の肌理《きめ》に奥深《おくぶか》い甘《あま》みと滋味《じみ》が詰《つ》まって、飽《あ》きることがない。

主治医の先生から「三度の食事が優先、間食は控《ひか》えめに。」とクギを刺《さ》されている身である。小指の先ほどのかけらを一日二つまでと決めたが、これがなかなか守れない。先日も、あと一つだけと口に運んだところを、見舞《みま》いに来た古い友人に見つかった。

「また間食してから。」と咎《とが》められ、「黒糖はわたしの信仰《しんこう》です。」と思わず口走っていた。友人はふき出している。たいそうな言葉が出て来たものだが、なかば本心でもある。突然《とつぜん》現れたかと思うまに、沖縄で戦死した兄を思う数少ないよすがなのである。

「実はな、お前には兄《あん》しゃまのおっとぞ。」

父が言い出したのは、終戦の前年であった。前妻との間に息子《むすこ》がいたのである。ほどなく、父に似て線の細い青年が水《みな》俣《また》のわが家にひょっこりやって来て、[2]一緒《いっしょ》に住むことになった。息子どころか、前妻の存在も知らされていなかった母は、十日ばかり寝込《ねこ》んだのではなかったか。

しかし、兄は癇性《かんしょう》の父に似ず、穏《おだ》やかで心根《こころね》の優《やさ》しい人だった。共に暮らすうち、母は「魂《たましい》の深《ふか》か人」とまで兄のことを褒《ほ》めそやすようになるのである。

貧しい百姓《ひゃくしょう》暮らしのこと、米の供出の割り当てを守ると、あとにはいくらも残らない。[3]飢饉《ききん》も戦時の食糧難《しょくりょうなん》も、救ってくれるのは目の前に広がる不知火海《しらぬいかい》であった。天草《あまくさ》の島で育ったらしい兄は、＊ビナ（貝）の捕《と》り方《かた》をよく知っていて、わたしを誘《さそ》うと、しょうけ（ざる）を抱《かか》え磯《いそ》に下りていくのである。

渚《なぎさ》は4命のざわめきに満ちていた。アサリ、ハマグリ、鬼《おに》の爪《つめ》……。ぞろんこぞろんこ、ひしめいて、近づこうものなら本当に、こけつまろびつ逃《に》げていく。「5やあ人間ぞ。早《はよ》う早う。」呼《よ》び交《か》わし、岩肌《いわはだ》にぺったり吸い付いた舌先を、はがしてはまた吸い付いての急ぎ足。最後は水の中に、とぷん。湖のような水面に、さざ波が立つばかりである。なかには逃《に》げ遅《おく》れて、岩陰《いわかげ》にひっそり息を殺しているものもいる。兄はそのビナを器用にひっくり返してゆく。ふとその手を休めて、「思いがけず、妹のおったなあ。」とはにかむのである。

間もなく、兄は召集《しょうしゅう》された。わたしたちのもとにやって来たのも、遠からず兵隊にゆくことが分かっていたからだろう。部隊は北支《ほくし》（中国北部）のあと、沖縄へ送られた。当時、*代用教員の錬成所《れんせいじょ》に通っていたわたしは、きょうこそ兄からの手紙が来るかと心待ちにしていたが、舞《ま》い込《こ》んだのは「沖縄玉砕《ぎょくさい》」の一報だった。

時を置いて届いた公報には、沖縄本島南部で戦死とあったそうだ。たしかな場所はいまも分からない。

（『魂の秘境から』〈朝日新聞２０１７年６月29日付・石牟礼道子《いしむれみちこ》〉の文章による）

＊注　ビナ――九州地方の方言で、小さな巻き貝のこと。
代用教員の錬成所――小学校の臨時職員の養成所

問一　――線部1とありますが、筆者はどうして「黒糖に目がない」のですか。理由を答えなさい。
（40字～60字程度）

問二　――線部２「一緒に住むことになった」とありますが、どうして父は兄とともに住むことにしたのですか。理由を答えなさい。
（30字～40字程度）

問三　――線部3「飢饉も戦時の食料難も、～不知火海であった」とはどういうことですか、答えなさい。
（30字～40字程度）

問四　――線部4「命のざわめきに満ちていた」とはどういうことを表していますか。わかりやすく答えなさい。
（15字～20字程度）

問五　――線部5「やあ人間ぞ。早う早う」とありますが、言葉をおぎなって、これをわかりやすく言いかえなさい。
（30字～40字程度）

【問一／解説】

若：【練習問題6】も随筆だ。ただ、前回も話したように、あくまで四つの記述パターンで解いていくよ。では、問一のパターンは？

ト：「理由を答えなさい」だから《理由問題》ですね。

若：そうだね。――ところで、傍線部中の「目がない」という言葉の意味はわかっているかな？

ト：いやあ、聞いたことはあるんですけど……。

若：「目がない」というのは「度を超えて好き」「大好物」といった意味だよ。それでは、「黒糖に目がない」を「結果」としたときの「原因・理由」にあたる部分を見つけていこうか。

ト：はい。次のあたりだと思います。――先生、こうやって短く分けて考えるのにもだいぶ慣れてきました。

（ア）その褐色の肌理に奥深い甘みと滋味が詰まって、飽きることがない。（2行目）
（イ）「黒糖はわたしの信仰です。」（6行目）
（ウ）沖縄で戦死した兄を思う数少ないよすがなのである。（7〜8行目）

若：トモヤ君。「油断大敵」なんていうのはこういうときに使う言葉だぞ。（イ）は、「黒糖に目がない」を「結果」としたときの「原因・理由」と言えるかな？
ト：そんな気がしたのですが……。
若：確かめるときはどうするんだっけ？
ト：「原因・理由＋結果」の文にしてみます。
〈黒糖はわたしの信仰だから（原因・理由）、黒糖に目がない。（結果）〉――あれ？ 正しいような、正しくないような。
若：これはむしろ逆じゃないか？ 黒糖に目がないから、黒糖が私の信仰になるんだろう？
ト：ああ、そうか！
若：それから、（ウ）の「よすが」というのは少し難しいけれど、「手がかり」とか「たより」という意味だよ。
ト：では、（ア）と（ウ）をまとめてみます。
〈その褐色の肌理に奥深い甘みと滋味が詰まって飽きることがなく、沖縄で戦死した兄を思う数少ないよすがだから。〉（52字）
若：「その褐色の」の「その」は指示語だね。**解答のルール② 指示語・比喩・わかりにくい表現は具体化して言いかえる** を覚えているかな？
ト：そうでした！「その」は「黒糖の」ということですから――〈黒糖の褐色の肌理に奥深い甘みと滋味が詰まって飽きることがなく、沖縄で戦死した兄を思う数少ないよすがだから。〉（53字）でどうですか。

若：「原因・理由＋結果」の文にして因果関係を確認してみよう。

ト：〈黒糖の褐色の肌理に奥深い甘みと滋味が詰まって飽きることがなく、沖縄で戦死した兄を思う数少ないよすがだから（原因・理由）、黒糖に目がない。（結果）〉

若：今度は大丈夫そうだね。

【問一／解答例】 黒糖の褐色の肌理に奥深い甘みと滋味が詰まって飽きることがなく、沖縄で戦死した兄を思う数少ないよすがだから。（53字）

……………………………………

【問二／解説】

ト：「どうして～」とありますから、これも《理由問題》ですね。

若：もうかなり慣れてきたから、今回はトモヤ君に解説をお願いしよう。

ト：は、はい。がんばります！

まず、「父は兄とともに住むことにした」が「結果」です。そして、その「原因・理由」にあたると思われる部分を本文から短く抜き出します。今回は――傍線部2から少し離れた、次の部分だとわかります。

（ア）遠からず兵隊にゆくことが分かっていたからだろう。（25行目）

次に、この（ア）の後に、「結果」の部分をつなげてみて、因果関係が正しいかどうかを確認します。

〈遠からず兵隊にゆくと分かっていたから（原因・理由）、父は兄とともに住むことにした（結果）〉

因果関係は正しいようです。ですから、この「原因・理由」の部分を解答とすればいいと思います。たとえば〈遠からず兵隊にゆくと分かっていたから。（十九字）〉というように。——あれ？　字数が足りませんね……。

若：なかなかいいね。では、少し補足しようか。**物語文や随筆の《理由問題》では、解答に「気持ち」を入れておくのがいい**というのは覚えているかな。

ト：あ、そうでした。するとここでは、父の「気持ち」を入れておけばいいということですね。——でも先生、この問題では、本文から父の「気持ち」を読み取れそうなところがないように思うのですが……。

若：この講義の一番初めの**「本文主義」**のところで説明したように、国語の読解問題は**「本文にどう書いてあるか」をもとに解答を作らなければいけない**。だから、本文に書いてあることをもとに解答を作るのが基本だね。ただし、今回のように、本文に書いてあることだけでは解答を作れない場合がある。では、そういうときはどうするか？

——それは当然、本文に書かれていないことも解答に入れるということだね。

ト：え、本文に書かれていないことを解答に入れてもいいんですか？

若：もちろん、自分勝手な思い込みや自分の意見を解答に書いてはいけない。ただね、「本文にどう書いてあるか」をもとに解答を作るということは、本文に書かれていることだけで解答を作らなければいけないというのとは違う。それは、**「本文に書いてあることから当然読み取れること」**も含むんだ。特に随筆や物語文の場合、筆者や登場人物の言動からその心情を推測することはとても大切になってくる。だから**直接本文に書かれていないことでも、本文から当然読み取れることは解答に入れていいし、入れなければならない場合も多いんだ。**

ト：なるほど。言われてみればそうですね。物語文などでは、登場人物の気持ちの多くは直接書かれていませんから——。

若：そういうことだね。だからこそ、本文の内容を正確に読み取り、自分勝手な思い込みで判断しないことが求められる。

ト：そう言われると、なんだか難しいですね。

若：いや、そう難しく考えなくていい。**「本文にこう書いてあるから、当然こう読み取れるよね」というレベルで判断すればそれでいいんだ。**

ト：それなら安心しました。

若：ではトモヤ君。この問題は「どうして父は兄とともに住むことにしたのですか」という問いだけれど、確かに、本文には父の「気持ち」が読み取れそうなところがない。ただし、普通に考えて、自分の息子が「遠からず兵隊にゆくと分かっていた」父は、どんなことを思うだろうね。しかもこの息子は前妻との子だから、長らく一緒に暮らしていなかったのだろう? この父の立場になって考えてごらん。次の（イ）のあたりも参考になるかもしれないね。

（イ）「実はな、お前には兄しゃまのおっとぞ。」（9行目）

ト：まあ、普通に考えると——〈最後は家族として暮らしたかった〉とか、（イ）からは〈兄と妹を会わせたかった〉とか——。

若：そう。普通に考えると、だいたいそういう「気持ち」が読み取れるね。普通に考えれば当然こう読み取れるという、その感じが大事なんだ。では今の「気持ち」も解答に入れて、「わかりやすい解答」にしてみよう。「理由＋気持ち」で書くよ。今回は特に 解答のルール① 主語・述語・目的語のわかりやすい文にする に気をつけて、二通りの解答例を示しておこう。

【問二／解答例】（1）兄は遠からず兵隊にゆくため、兄妹を会わせ、最後は家族として暮らしたかったから。（39字）
（2）遠からず兵隊にゆく兄を妹に会わせ、最後は家族として暮らしたかったから。（35字）

【問三／解説】

若：これはどのパターンの問題かな？
ト：「〜とはどういうことですか」と傍線部を説明するので、《言いかえ問題》だと思います。
若：では、その解き方は？
ト：まずは傍線部をいくつかの部分に分けます。こんな感じでしょうか。

（ア）飢饉も戦時の食糧難も、／（イ）救ってくれるのは／（ウ）目の前に広がる／（エ）不知火海であった

若：いいと思うね。もっとも、分け方はそんなに厳密でなくてもいい。だいたい、意味のかたまりで区切れればそれでいいんだ。――そういえば、傍線部をいくつかに分ける《言いかえ問題》は久しぶりだね。
ト：はい。――ところで先生。分けた部分はすべて、必ず別の言葉で言いかえなければならないのですか？
若：いい質問だね。そもそも《言いかえ問題》というのは、「このままではわかりづらいから、別の言葉でわかりやすく説明しなさい」という問題だよね。逆に言えば――**言いかえなくてもわかる部分はそのままでいい**というわけだよね？

ト：なるほど、わかりました！　すると——（ア）はそのままでも伝わるから、ここでは（イ）〜（エ）の部分を主に言いかえればいいということですか？

若：そういう理解でいいね。——で、それからの手順はどうするんだっけ？

ト：分けたそれぞれの部分を、別のわかりやすい言葉で言いかえます。

若：ところで、トモヤ君。この傍線部は（イ）〜（エ）を並べ替えて、「（ウ）目の前に広がる／（エ）不知火海が／（イ）救ってくれた」と考えた方がわかりやすいかな。意味は変わらないから、こういう場合は順序を入れ替えてもいいね。

ト：……先生。（イ）〜（エ）は、言いかえられる表現が本文になさそうなのですが……。

若：確かにそうだね。「（ウ）目の前に広がる／（エ）不知火海が／（イ）救ってくれた」というのは比喩的な表現だけど、中でも「（イ）救ってくれた」は明らかに比喩だ。だから**解答のルール②　指示語・比喩・わかりにくい表現は具体化して言いかえる**にもあるように、解答の中にそのまま「救ってくれた」という比喩表現を入れてはいけないね。では、「救ってくれた」とはどういうことを表しているのか？——こういう場合、問二で考えたように、**直接は書いていないけれど本文から当然読み取れること、普通に考えればわかること、というレベルで推測する必要がある。**たとえば本文の、次のような部分はヒントになるんじゃないかな。

（オ）天草の島で育ったらしい兄は、ビナ（貝）の捕り方をよく知っていて、わたしを誘うと、しょうけ（ざる）を抱え磯に下りていくのである。（17〜18行目）

（カ）兄はそのビナを器用にひっくり返してゆく。（22行目）

ト：すると、「（ウ）目の前に広がる／（エ）不知火海が／（イ）救ってくれた」とは——〈近くの不知火海で採れる貝によって生き延びられた〉というようなことでしょうか？

若：そう、当然そういうことが読み取れるよね。それでいいんだと思うよ。**本文に書いていないことを解答に入れる場合、あまり自分勝手な想像を働かせずに、むしろ無難に、普通に考えてわかることを導き出すくらいがいい。**いまのトモヤ君が読み取ったことをもとにした解答例を含め、二つの解答例を示しておこう。「どういうことですか」と聞かれているから、「〜こと」で結ぶのにも忘れずに。（解答のルール④　文末表現に注意する）

【問三／解答例】（1）飢餓も戦時の食糧難も、近くの不知火海で採れる貝によって生き延びられたということ。（40字）

（2）飢餓も戦時の食糧難も、近くの不知火海の海産物が貴重な食料になったということ。（38字）

【問四／解説】

ト：これも《言いかえ問題》ですね。傍線部4を分けてみます。

（ア）命の／（イ）ざわめきに／（ウ）満ちていた

若：（イ）の「ざわめき」というのは「騒がしいこと」とか「騒音」という意味。（ウ）の「満ちていた」は「〜でいっぱいだった」ということでしょう。

ト：すると解答は、〈命の騒音でいっぱいだった〉？――なんか変な気がするな。

若：それはそうだ。傍線部4「命のざわめきに満ちていた」は比喩表現だから、表面的な意味だけを答えても伝わらない。**比喩の言いかえの場合、その比喩によって、別のどんなことを表したいのかを考えないといけないね。**ちなみに、設問文に「分かりやすく答えなさい」とわざわざ「わかりやすく」と書いてあるね。これは比喩や伝わりにくい表現を解答に残さず、別のわかりやすい言葉で言いかえなさいということだよ。ではトモヤ君。ここでの（ア）「命」とは何だろうね？　本文には「アサリ、ハマグリ、鬼の爪……。」（19行目）なんてある。

ト：貝類のこと？

若：そうだね。もしくは貝類と限定せずに、海の生物と考えてもいいね。次に、（イ）の「ざわめき」はどんなことを表してる？　本文の「ぞろんこぞろんこ、ひしめいて、近づこうものなら本当に、こけつまろびつ逃げていく。『やあ人間ぞ。早う早う。』呼び交わし、岩肌にぺったり吸い付いた舌先を、はがしてはまた吸い付いての急ぎ足。最後は水の中に、とぷん。」（19〜21行目）あたりから考えると――。

ト：騒がしい感じだから……いきいきとした様子とか、活気ある様子？

若：ＯＫ。（ウ）「満ちていた」は「〜でいっぱいだった」という意味でいいでしょう。

命の／ざわめきに／満ちていた

↓

海の生き物の／いきいきした様子で／いっぱいだった

解答のルール② 指示語・比喩・わかりにくい表現は具体化して言いかえるを踏まえて、こんなふうに言いかえる。

特に比喩表現は解答に残さないように。

ト：すると、解答として整えると――〈多くの生物がいきいきと生息していたこと。〉（20字）なんてどうですか？

若：それなら上出来だ。設問で「どういうことを表していますか」ときかれているので、文末を「こと」にすることも忘れていないね。（**解答のルール④　文末表現に注意する**）

【問四／解答例】
（1）多くの生物がいきいきと生息していたこと。（20字）
（2）多くの生物の活気にあふれていたということ。（21字）

……………………………………………………

【問五／解説】

ト：これも《言いかえ問題》です。設問に「言いかえなさい」とありますし。まずは傍線部5を分けてみます。

（ア）やあ人間ぞ。／（イ）早う早う

若：これも本文に書いていないことを推測するタイプの《言いかえ問題》みたいだね。
ト：あれ、これも設問に「言葉をおぎなって」とか「わかりやすく」とかあります！
若：いいところに注目したね。設問文は出題者からの大きなヒントになっていることが少なくない。まず「言葉をおぎなって」とあるけれど、どこに言葉をおぎなえばいいと思う？
ト：「（イ）早う早う」の後ですか？――あれ、「（ア）やあ人間ぞ。」の後にも何か省略されている気がしますね。
若：その通り。両方におぎなうのがいいね。どんな言葉をおぎなえばいいか、次のあたりから推測できるかな？　もちろん傍線部5は、アサリやハマグリ、鬼の爪といった貝類が仲間に呼びかけている様子を擬人法で表しているよ。

（ウ）近づこうものなら本当に、こけつまろびつ逃げていく（19～20行目）
（エ）呼び交わし、岩肌にぺったり吸い付いた舌先を、はがしてはまた吸い付いての急ぎ足（20～21行目）
（オ）なかには逃げ遅れて、岩陰にひっそり息を殺しているものもいる（22行目）

ト：はい。このあたりから普通に考えて、当然読み取れそうなことといえば――「（ア）やあ人間ぞ」は、〈おい、人間がやって来たぞ〉。「（イ）早う早う」は、〈早く逃げろ、つかまるな〉といった感じでしょうか？

若：それでいいと思うよ。**本文に書いていないことを解答に入れるときは、そんなふうに、当然考えられることのラインでいくのが間違いない。**ただ、（エ）に「呼び交わし」とあるから、貝類が互いに声を掛け合っている様子は入れるといいだろうね。「おい、みんな」とかね。また、解答のルール① 主語・述語・目的語のわかりやすい文にするにより、（ア）の言いかえは、「僕たちを（目的語）」を入れて、〈おい、みんな、人間が僕たちをつかまえに来たぞ〉とすると、もっと「わかりやすい解答」になるんじゃないかな。

ト：なるほど。それは忘れていました！

若：ところで設問に「わかりやすく」とあるのは、「比喩やわかりにくい表現を解答に残さず、別のわかりやすい言葉で」といった意味だけれど、いま言葉をおぎなったことで十分にわかりやすくなったから、解答はそれで十分だと思う。

【問五／解答例】　おい、みんな、人間が僕たちをつかまえに来たぞ。早く逃げろ、つかまるなよ。（36字）

【練習問題7】次の文章を読んで後の問いに答えなさい。（二〇一七年　ラ・サール中・改）

自宅の最《も》寄り駅から地下鉄に乗り込《こ》むと、電車の座席は微妙《びみょう》な空き具合であった。

寒い時期ということもあり、着膨《ぶく》れた乗客がみんな左右に余裕《ゆう》を取って座《すわ》っている。結果、混《こ》んではいないが、座るには勇気のいる車両になっていた。やむを得ず、ドアの脇《わき》で立ちん坊《ぼう》を決め込んだ。帰宅で込み合う時間帯には、まだまだ早い午後2時頃《ごろ》の有楽町線のことである。

ふと目の先に、ランドセルを背負ったまま本に夢中になって座っている小さな小学生がいるのに気がついた。背格好からして、まだまだ低学年だということが分かった。絵本ではなく、字のやや多い本を読んでいるように見えたので、小学校の二年生くらいであろうか。半ズボン姿のその小さな男の子は、自分が座っている席の左側に、紺《こん》色の上履《ば》き袋《ぶくろ》や工作で作ったような紙の箱を投げ出している。本に熱中するあまり、お店を広げていることも忘れているのである。

私は、その子の前に立った。すると目の前に立たれたことに気が付いたその子は、私の方をじっと見上げた。そしてめんどくさそうに荷物を自分の膝《ひざ》の上におもむろに置いた。

『電車の中で、他《ほか》のお客さんの迷惑《わく》になるようなことは駄目《だ》だよ』

そんな目だけの会話が、どうやら通じたようだった。私が腰掛《こしか》けると、その小学生は、もうすでに本に戻《もど》っていた。一心不乱に図書館のシールが貼《は》ってあるハードカバーに顔を埋《う》めていた。他の乗客のほとんどがスマートフォンに指を置き、小刻みに滑らせているのに対して、なぜか、その姿は好感が持てた。荷物を投げ出すような公共マナーに反した行為《い》を差し引いても、①おつりが来るほどだったのである。

何を読んでいるのだろうと好奇《き》心がむくむくと湧《わ》いたが、残念ながら角度的に表紙のタイトルを読むのは無理であった。その熱中度から、探偵《てい》ものとかではないかと推測した。私はタイトルの探索《さく》は諦《あきら》め、自分の手帳を鞄《かばん》から取り出し、その日のそれからの予定を確認《にん》することにした。

2、3駅が過ぎ、手帳をしまって隣《となり》を見ると、相変わらずその半ズボンは本をにらめつけるように読んでいる。そして時折、ページをめくり、しばらくすると、また次のページをめくっていた。その様子を見るともなくぼんやり見ていると、ある瞬《しゅん》間、あるページのある行で目がとまったように思えた。それまでゆっくりと顔を回転させるように追っていたのが、ぴたりと動かなくなったのである。当然ページめくりの手も動かない。じっと同じ行を読み返しているように思えた。

すると突《とっ》然、今度は、ページを今まで読んできた方に向かって、勢いよく逆にめくりだしたのである。一体何が起こったのだ。逆に戻りながら、時々、手を止め拾い読みしたかと思うと、また勢いよくめくりだす。何かを探している、何かを探しているのだ、私にはそう思えた。そして遂《つい》に、ある箇《か》所を探《さぐ》り当てると、じいっと読み出した。緊迫《きんぱく》が隣の私にも伝わってきた。そして、それまで何も発していなかったその小学生が一言つぶやいた。

「たしかに……」

私は、吹《ふ》き出しそうになった。

何が〝たしかに〟なんだよ⁉　何を納《なっ》得したんだよ、君は⁉　そこまで入り込んでるわけ⁉

想像するに、最初にぴたっと止まったページには、彼《かれ》が驚《おどろ》くような出来事が書いてあったのであろう。例えば、物語の主人公が、見事な推理をしてある問題を解決した、とか。そして、その小学生は、その推理の元となった叙《じょ》述を再確認するために、数十ページ前まで慌《あわ》てて遡《さかのぼ》ったのである。そして、あらためて読み直すと、そこにはある事実が隠《かく》されていたのを発見したのだった。そこで思わず、彼の口から、「たしかに……」。

そして私は、この小さな小学生に、およそ似つかわしくない「たしかに」という言葉遣《づか》いに思わず吹き出しそうになった……。

私は、ますます、その本のタイトルを知りたくなった。大人気ないが、私もその本を読んで、その箇所で「たしかに……」ってなりたくなったのである。

急に、その子が立ち上がった。降りる駅が来たのである。私の目は必死に、閉じつつあるその本を追い続けた。ここで逃《のが》すとそのチャンスは永遠にない。一瞬、タイトルの一部が見えたのである。そこには『ドリトル先生なんとかかんとか』と書かれていたのだった。

数日後、私は事務所の近くの図書館の児童文学の棚《たな》の前にいた。もちろん、あの小学生の持っていた本を見つけに来たのである。あの小学生のように「たしかに……」ってなりたくて来たのである。でも、困ってしまった。『ドリトル先生なんとかかんとか』は12冊もあったのである。

試《ため》しにその中から『ドリトル先生月から帰る』というタイトルを手にした。しかし、目次を見ただけでは、この本のどこで手がぴたりと止まり、どこであの「たしかに……」が生まれるのか、皆《かい》目見当がつかない。『ドリトル先生と秘密の湖』という「たしかに……」が生まれそうなタイトルも開けてみた。しかし、拾い読みでは分かりようがなかった。私は全12巻を前に途《と》方に暮れた。「たしかに……」は一朝一夕《せき》では手に入りそうもないのである。やはり、最初の一行から紐《ひも》解かないと無理なのであろうか。紐を必死で手繰《たぐ》るように読み進んだあかつきの、あの『たしかに……』なのであろう。

そして、その「たしかに……」という境地が安直に得られないということが分かった私は、同時に、②自分の中に、ある感情が横たわっていたことに気付いてしまった。いや、薄《うす》々感じてはいたのだが、正直言うと、気付きたくはなかったのかもしれない。そして、この「たしかに……」さえ手に入れれば、それは知らなかったものとして済ませられるのではないかという妙な期待もあった。

では、その知りたくなかった感情とはどういうものであろうか。

私は、ドリトル先生の本が特定できなかった時、まず、自分の態度に「たしかに……」を享《きょう》受する資格がないことを思い知らされた。それは熱中の賜《たまもの》であったのである。③それだけを見つけて楽しもうなんて虫のいい話である。そしてその時、私は、あの小学生に軽い嫉妬《しっと》のようなものを覚えていたのにも気付いたのであった。嫉妬と言う言葉が激しすぎるとしたら、羨《うらや》ましい気持ちと言ってもいいかもしれない。では、その羨ましさとは何か。そして、それはどこから来ているのか。

私は、あの日、地下鉄に乗った時、いつものように移動時間を有効に使おうと、座るやいなや手帳を開いて今日の予定を確認した。そこには、いつものように出席すべき会議が列挙されていた。その確認作業が終われば、コンピュータを開いて、来ているメールを確かめるつもりであった。返事を求めるメールがたくさん来ているはずだ。そして、一本でも出せば、義務は減る。私は忙《いそが》しい、私の時間は埋め尽《つ》くされている。そんな時、聞こえてきたのだった、あの言葉が。「たしかに……」

人間にとって、時間は自由にならない。時間は誰《だれ》に対しても平等に過ぎていく。だからこそ、時間を無駄にせず、有効に使わなくてはならない。私が電車での移動時間に手帳を開いたのも、コンピュータを開こうとしていたのも、そのためである。しかし、その時、隣に熱中がいたのである。その小さな熱中は流れゆく時間も存在している空間もなく、ただただ熱中していた。時間は誰に対しても平等に過ぎてはいなかったのである。私は、その小学生に羨ましさを感じてしまった。その羨ましさとはどこに向かったものだったのか。

小学生がふんだんに持っている時間に対してか、それとも、あの熱中の仕方にか。

答えは分かっている。しかも、その気持ちが、あの電車で半ズボン姿の小学生の隣に座った時から始まっていたことも分かっているのである。

（『たしかに……』〈佐藤雅彦〉より）

問一　――線部①「おつりが来るほどだった」とは、どういうことですか。75字以内でわかりやすく説明しなさい。

問二　――線部②「自分の中に、ある感情が横たわっていた」とありますが、それはどういう感情ですか。100字以内で説明しなさい。

問三　――線部③「それだけを見つけて楽しもうなんて虫のいい話である」とありますが、どういう態度に対してそう言っているのですか。75字以内で具体的に説明しなさい。

【問一／解説】

若：これもなかなか面白い文章だね。

ト：でも試験のときにはそんな余裕はないですよ。

若：確かに！

ト：……先生、もしかして、それを言いたかっただけですか？

若：いやいや、確かにその通りだと思ってね。さて、いつも通り始めるとしようか。

ト：……はい。あ、まずは、この問題のパターンですね？

若：お、わかっているね。

ト：はい。「おつりが来るほどだった」という言葉をわかりやすく説明するので、《言いかえ問題》だと思います。

若：その通り。ところでトモヤ君、設問に「わかりやすく説明しなさい」とあるね。これは【練習問題６】の問五でもやったように、「比喩やわかりにくい表現を別のわかりやすい言葉に置きかえて説明しなさい」という意味だと考えよう。つまりね、ここでは「おつりが来る」という言葉をそのまま使わずに、これを別のわかりやすい言葉で言いかえなければいけない、という出題者からのメッセージなんだ。トモヤ君、そもそも「おつりが来る」とはどんな意味か、知ってる？

ト：……知りません。初めて聞きました。

若：ではよく覚えておいて。「おつりが来る」とは「十分すぎてあまりが出る」という意味。「志望校に合格できたことは今までの苦労を差し引いてもおつりが来る」なんていうふうに使う。するとね、ここではどんなことが「おつりが来るほどだった」のか、つまり「十分すぎてあまりが出るほどだった」のかを答える。

ト：なるほど。

若：ところで、「おつりが来るほどだった」という表現は、主語も述語もはっきりしないね。「何がおつりが来るほどだったのか」の「何」の部分（主語）もわからないし、「おつりが来るほどどうだったのか」の「どうだったのか」（述語）の部分もわからない。こういう場合は、主語と述語を補って考えなければいけない。（傍線部のルール❺ 傍線部内に省略された主語・述語・目的語を補う）

ト：直前に「その姿は好感が持てた」（14行目）とありますから、たぶん、〈その姿はおつりが来るほど好感が持てた〉ということだと思います。

若：お、素晴らしい！ よく見つけたね。本文から答えを探すという姿勢がずいぶん身についてきたじゃないか。

ト：いやあ、それほどでもないですよ。

若：でも、それでまだ安心はできないよ。〈その姿は／おつりが来るほど／好感が持てた〉と分けてみる。まず、「その姿」というのは指示語だね。すると、どうするんだっけ？

ト：あ、傍線部のルール❸ 傍線部内の指示語・比喩・わかりにくい表現は具体化して言いかえるでした。では、「その小学生の姿」ですか？

若：「その小学生」とは、どの小学生？ これも指示語だからね。さらに言いかえないといけない。こういう場合、小学生の姿について書かれているところに注目するといいね。（傍線部のルール❹ 傍線部内の言葉と同じ言葉・似た言葉に注目する）

ト：次のあたりだと思います。

（ア）ランドセルを背負ったまま本に夢中になって座っている小さな小学生（5行目）
（イ）小学校の二年生くらい（6～7行目）
（ウ）半ズボン姿のその小さな男の子（7行目）

若：指定字数もあるので、あまり長くなり過ぎないようにまとめようか。
ト：〈本に夢中になっている小学校二年生くらいの男の子の姿〉（25字）はどうですか。
若：いいね！　ここで一旦、まとめておこう。傍線部①はいまのところ、次のように言いかえた。

おつりが来るほどだった
↓
本に夢中になっている小学校二年生くらいの男の子の姿は／おつりが来るほど／好感が持てた

ト：はい、ここまではわかります。
若：あと一歩だ。あとは「おつりが来るほど」の部分をわかりやすく言いかえればいいね。「おつりが来る」というのは別の言い方をすると、「AはBと比べて十分すぎるほどあまりが出る」ということ――すなわち、ここでは「AはBよりずっと好感が持てる」という意味になるね。ここでAにあたるのは〈本に夢中になっている小学校二年生くらいの男の子の姿〉だ。すると、Bにあたるのは何だろう、と考える。〈本に夢中になっている小学校二年生くらいの男の子の姿〉はどんなことよりもずっと好感が持てるの？　**傍線部のルール❶　傍線部を含む一文は丁寧に読む**を使うと…。
ト：すぐ前に「荷物を投げ出すような公共マナーに反した行為を差し引いても」（14～15行目）とあるので、Bにあたるのは〈荷物を投げ出すような公共マナーに反した行為〉ですね。

若：そう、それだね。では解答を作ってみようか。

ト：はい。――〈本に夢中になっている小学校二年生くらいの男の子の姿は、荷物を投げ出すような公共マナーに反した行為と比べても、ずっと好感が持てたということ。〉（69字）でどうですか。

若：これまでの説明をそのまま解答にしているから、やや硬い感じはするけどね。でも解答としては十分だと思うよ。参考までに別の解答例も示しておくからね。

【問一／解答例】（1）本に夢中になっている小学校二年生くらいの男の子の姿は、荷物を投げ出すような公共マナーに反した行為と比べても、ずっと好感が持てたということ。（69字）

（2）荷物を投げ出すような公共マナーに反する行為は良くないが、それ以上に本に夢中になっている小学校二年生くらいの男の子の姿に好感が持てたということ。（71字）

【問二／解説】

若：さて、いよいよ《気持ち問題》の書き方をやろう。この問いにあるように、「どういう感情ですか」とか「このときの気持ちを説明しなさい」といったタイプの問題だ。

ト：僕はその《気持ち問題》というのが、本当に苦手なんですよ。

若：それはちょうどいい（笑）。これから教えることは、きみみたいな生徒のためにあるようなものだ。

ト：う〜ん、喜んでいいのかどうか……。

若：《気持ち問題》では、まずその人物がどんな「気持ち」になっているのかを本文から読み取らないといけないね。どういうところから気持ちを読み取るか、覚えているかな？

ト：はい。大きく二つありました。

①言動…人物の様子（セリフ、行動、表情）から気持ちを読み取る

②情景描写…天候や風景の描写に人物の気持ちが表れていると考える

若：その通り。「悲しかった」とか「うれしかった」とか、「気持ち」がそのまま書かれていればわかりやすいけれど、いつもそれが本文に見つかるとは限らない。

ト：はい。ポイントは「言動」から読み取ることですね。でも、僕はどうもこれがよくわからなくて。

若：やっていくうちに慣れるよ。とにかく、いっしょにやってみよう。

ト：はい、お願いします！

若：では、傍線部②に「ある感情」とあるから、それがどんな感情なのかを本文から見つけていく。本文から短く探してみよう。

ト：はい、すぐ後ろのあたりから、「ある感情」にあたりそうなところを見つけてみました。

（ア）あの小学生に軽い嫉妬のようなものを覚えていた（56行目）

（イ）嫉妬と言う言葉が激しすぎるとしたら、羨ましい気持ちと言ってもいいかもしれない（56〜57行目）

（ウ）私は、その小学生に羨ましさを感じてしまった（67〜68行目）

若：この問題は「気持ち」がそのまま書かれているからわかりやすいね。これらをもとに、「気持ち」を表すと？

ト：〈あの小学生を羨ましく思う気持ち〉といったところでしょうか。

若：「あの小学生」とは、どんな小学生？（解答のルール② 指示語・比喩・わかりにくい表現は具体化して言いかえる）

ト：問一の表現を使えば〈本に夢中になっている小学校二年生くらいの男の子〉。また、本文の後ろの方に、「流れゆく時間も存在している空間もなく、ただただ熱中していた」（66～67行目）とありますから、ここを使うと〈時間も空間も関係なく、ただただ本に熱中していた小学生〉とも言えるように思います。

若：おお、なかなかいいじゃないか。上達したよ。今回は、トモヤ君が後の方に言ったのを使おうか。

ト：ではここまでで、〈時間も空間も関係なく、ただただ本に熱中していた小学生を羨ましく思う気持ち〉（36字）ですね。

若：さて、次は「理由」だ。**《気持ち問題》では、なぜその「気持ち」になったのかの「理由」も解答に含めるのが原則だ。**つまり、解答の型としては「理由＋気持ち」として書くということだね。では、トモヤ君。なぜ「私」は〈時間も空間も関係なく、ただただ本に熱中していた小学生を羨ましく思う気持ち〉を抱いたんだろう？ それが読み取れるところをいつも通り本文から短く見つけ出してみよう。

ト：羨ましく思った理由としては……次の部分くらいしか見つからないのですが。

（エ） 時間は誰に対しても平等に過ぎてはいなかった（67行目）

若：理由としては間違っていないと思うよ。「理由＋気持ち」の文にしてみると、

〈時間は誰に対しても平等に過ぎていなかったから（理由）、時間も空間も関係なく、ただただ本に熱中していた小

学生を羨ましく思った（気持ち）〉

となり、因果関係は正しいからね。ただ、このままでは「わかりやすい解答」とは言えないね。

では、どうすれば「わかりやすい解答」になるか。（エ）を次のように分けて考えてみようか。

（オ）時間は／（カ）誰に対しても／（キ）平等に過ぎてはいなかった

解答のルール② 指示語・比喩・わかりにくい表現は具体化して言いかえる を使おう。どこを言いかえればわかりやすくなると思う？

ト：えーっと、（オ）「時間」は言いかえる必要はないので、（カ）「誰に対しても」と（キ）「平等に過ぎてはいなかった」を言いかえればいいと思います。

若：そうだろうね。では、（カ）「誰に対しても」というのはここでは具体的には誰のことを言っているのかだね。

ト：ああ、そうか。こういうことですね。

（カ）誰に対しても＝「私」と「小学生」に対して

若：その通り。次に（キ）「平等に過ぎてはいなかった」だけど、これは大まかにいえば、同じ時間でも、「私」にとっての時間と「小学生」にとっての時間の価値は違うということだね。では、どう違うんだろう？「私」と「小学生」それぞれにとっての時間は、本文にどう書いてある？

ト：はい。次のようにあります。

「私」＝「忙しい」（62行目）、「私の時間は埋め尽くされている」（62行目）、「時間を無駄にせず、有効に使わなくてはならない」（64～65行目）

「小学生」＝「流れゆく時間も（存在している空間も）なく」（66行目）、「小学生がふんだんに持っている時間」（69行目）

若：すると、これらのことをもとに（エ）をわかりやすく言いかえると、こんな感じになるだろうね。

（エ）　時間は／誰に対しても／平等に過ぎてはいなかった

←

（′エ）時間は／時間を有効に使わなくてはならない忙しい「私」と、ふんだんに時間を持っている小学生とでは／価値が違う

これをもとに「理由」を作ると、たとえば〈時間を有効に使わなくてはならない忙しい「私」と、ふんだんに時間を持っている小学生とでは時間の価値が違うから〉（53字）となる。

ト：う～ん、なかなか難しいですね……。

若：確かに、これはちょっと難度の高い問題だったね。――よし、そろそろ解答としてまとめようか。**《気持ち問題》は「理由＋気持ち」で書くよ**。ところで、この設問の指定字数は100字以内。一文で書いてもいいけれど、一文が長くなるとどうしてもわかりにくい文章になりがちになるね。だからこういうときは二文にわけてもいいかもしれない。接続語や指示語をうまくつかって文を結ぼう。（こういうときの指示語は言いかえる必要はない）また、**解答のルール①　主語・述語・目的語のわかりやすい文にする**にしたがって、主語を補うといいだろうね。参考までに一文で書いた解答例と、二文にわけた解答例を示しておくので比べてみて欲しい。

【問二／解答例】（1）時間を有効に使わなくてはならない忙しい「私」と、ふんだんに時間を持っている小学生とでは時間の価値が違うため、時間も空間も関係なく、ただただ本に熱中していた小学生を「私」が羨ましく思う気持ち。（95字）

（2）時間を有効に使わなくてはならない忙しい「私」と、ふんだんに時間を持っている小学生とでは時間の価値が違う。それゆえに時間も空間も関係なく、ただただ本に熱中していた小学生を「私」が羨ましく思う気持ち。（98字）

【問三／解説】

ト：これは、どのパターンかわかりづらいですね……《言いかえ問題》のようには思えるのですが。

若：確かにちょっとわかりづらいね。この問題は、どういう態度に対して「虫のいい話である」といっているのかを問うているんだけど、「虫のいい」とは「都合のいい、自分勝手な」という意味だね。つまり、どういう態度のことを都合のいい、自分勝手なだと筆者は言っているのかという問題なんだ。

ト：ああ、そうか。すると、それって……傍線部③の「それだけを見つけて楽しもう」という態度のことですか？

若：そう、そういうことだね。要するにこの問題は、都合のいい自分勝手な「それだけを見つけて楽しもう」という態度とはどういった態度なのかを聞いているんだね。だからそれを別のわかりやすい言葉で説明すればいいので、《言いかえ問題》ということになる。——ところでこの態度って、誰の態度のことかな？

ト：あ、傍線部③のすぐ前に、「自分の態度」（54行目）とあります。

若：そうだ。これは筆者自身の態度だね。解答の結びは誰の態度かがはっきりわかるように「自分の態度」「私の態度」

とするのがいい。

ト：わかりました。では、「それだけを見つけて楽しもう（という私の態度）」を分けて考えてみます。

（ア）それだけを見つけて／（イ）楽しもう（という私の態度）

若：早速、（ア）「それだけを見つけて」から考えてみよう。「それ」は指示語だね。**傍線部のルール❸ 傍線部内の指示語・比喩・わかりにくい表現は具体化して言いかえる**より、指示語が何を表しているかを本文中から探そう。筆者は何を見つけて楽しもうとしていたのだろう？ 本文中から短く見つけてくると、だいたい次の（ウ）、（エ）あたりからわかりそうだね。

（ウ）私もその本を読んで、その箇所で「たしかに……」ってなりたくなったのである（36～37行目）

（エ）あの小学生のように「たしかに……」ってなりたくて来たのである（42行目）

ト：「それ」とは――〈あの小学生が「たしかに……」となった箇所〉だと思います。

若：その通り。（イ）「楽しもう」はそのままでも十分伝わるので、これはこのまま使ってもいいだろうね。

ト：するとこの態度というのは、こんなふうに言いかえられるというわけですね。

それだけを見つけて／楽しもう（という私の態度）

↓

あの小学生が「たしかに……」となった箇所を見つけて／楽しもう（という私の態度）

――でも先生、このままでは解答の指定字数にかなり足りないように思いますが……。

若：そうだね。しかもこのままだと、どう都合のいい自分勝手な態度なのかがいまいち伝わらないね。だから、どこが都合よくて自分勝手なのか、本文から見つけなければならない。では、筆者はどんなふうに都合よく、自分勝手に「それだけを見つけて楽しもう」としたのかというと――次のあたりから読み取れるんじゃないかな？ ちなみに「紐解く」は、本を読むこと、「安直に」は、安易に、手軽にという意味だね。

（オ）拾い読みでは分かりようがなかった（46行目）

（カ）やはり、最初の一行から紐解かないと無理なのであろうか（47～48行目）

（キ）その「たしかに……」という境地が安直に得られないということが分かった私は（49行目）

ト：ああ、そうか！ 筆者は、最初から読まずに拾い読みをして「たしかに……」となった箇所を手軽に見つけようとした――それが都合のいい自分勝手な態度だということですね！

若：そういうこと。そこを解答に入れよう。**――ところで設問文に「具体的に説明しなさい」とあるね。これは「本文中の具体例や固有名詞を使って説明しなさい」ということだよ**。だから、ここでの本とは何か（＝ドリトル先生の本）、あの小学生のセリフ（＝「たしかに……」）などは解答に入れるのが望ましいと思うね。あとは、解答のルール① 主語・述語・目的語のわかりやすい文にするにしたがって、解答を整えればいい。――これもなかなか骨が折れたね。

【問三／解答例】 ドリトル先生の本を最初から熱中して読まずに、あの小学生が「たしかに……」となった箇所だけを拾い読みによって見つけて楽しもうという私の態度。（69字）

【練習問題８】次の文章を読んで、あとの問いに答えなさい。（二〇一六年　栄光学園・改）

小学校のころに暮らしていた町に半年前にもどった「僕」は、犬の散歩をしながら、昔の記憶に思いを馳《は》せます。

いつもいっしょに遊んでいる仲よしの山口君が、夏休みが始まったらすぐにカブト虫をとりに行こうとさそってきたのは、五年生の終業式の三日前だった。カブト虫やクワガタは、夏の少年たちにとって、欠かせぬおもちゃだった。大きさを比べ合ったり、たがいに戦わせたり。夏休みになればみんながとりにいくから、山があらされる前にできるだけ早くつかまえにいこうというのが、山口君の提案だった。昼間は土にもぐってしまうカブト虫は早朝の方がつかまえやすいのを知っている僕らは、終業式の翌日の朝五時に、山口君の家の前で待ち合わせることになった。

終業式が終わり、待ち合わせの約束を確認《かくにん》して家に帰るとすぐに、しまいこんであった飼育箱を物置から取り出した。少しほこりをかぶっていたが、どこもこわれてはいない。①ランドセルを投げ出して、きれいにほこりをぬぐうと、虫が生活するためのかれ葉や木くずをていねいに底にしきつめ、いつでも虫を入れられるように準備を整えた。最近では、夏になるとデパートやスーパーマーケットで、プラスチック製の飼育箱がカブト虫まで入れて売られているが、当時は自分たちで作ったのだ。僕のものは、前年父が古い木箱を使って作ってくれた。両手でかかえるほどの大きな飼育箱だった。僕は、準備をしながら、この箱の中でカブト虫やクワガタがえさのスイカの汁《しる》を吸っている姿を想像していた。

休みの日には寝坊《ねぼう》ができるのに、こういう日には必ず早く目が覚める。大人になった今だってそうだ。いつも学校へ行くのに母に起こされてばかりいるにもかかわらず、その日は四時に目が覚めてしまった。はやる気持ちをおさえきれない僕は、早々と家を出た。里山に入る道の手前にある山口君の家までは十分とかからないから、僕がかれの家の前に立ったのは、四時半くらいだと思われる。あたりはまだうす暗かった。

「山口君。」

家の外から、近所を気づかって小さな声で呼んだが、返事はなかった。約束の時間よりも早すぎたせいにちがいない。しばらく待ってからもう一度呼んでみようと思った僕は、今日の収穫《しゅうかく》を想像した。たとえ途中《とちゅう》であまりつかまえられなくても、鉄塔山《てっとうやま》の秘密の木まで行けば、樹液に虫が群がっているだろう。僕の秘密の木には……。そう、僕だけの秘密の木には……。

「山口君。」

②さっきよりも小さな声で、僕はもう一度呼んだ。近所に迷惑《めいわく》にならないためだと自分に言い聞かせ、返事がないことを期待して。

階段に腰をおろした僕の横で、心地《ここち》よい風にふかれて犬も静かにふせている。返事がなかったから仕方がない、と自分を説きふせて、里山の細い道を登っていく僕の姿が思い出される。あの日は、鉄塔山まで何の収穫もなかったが、想像していたとおり、例の秘密の木でつがいのカブト虫や大きなクワガタをつかまえたのだ。獲物《えもの》をとらえて有頂天《うちょうてん》だった僕は、足どりも軽く里山から下りてきた。山口君の家の前までは、約束のことも忘れて。

「ずいぶんおそかったね。寝坊したの？」

山口君は、僕がやってきたのが里山の方からであるとわかっているはずなのに、そうたずねた。

「……。い、いや、朝呼んだのに、返事がなかったからさ。一人で……。」

③僕は、獲物の入った虫かごを背中の後ろにかくしながら、上目づかいにかれの顔を見て言った。山口君の表情がちょっとくもった。僕はすぐに目をそらした。

「おかしいなあ。五時ちょっと前から家の前で待ってたのに。」

「ご、ごめん。朝早くて寝《ね》ぼけてたから、時間まちがえたのかな…。また今度行こうよ。」

「まあ、いいか。親友には、うそつくなよ。じゃあ、今日はもう一眠《ひとねむ》りするから、またな。」

山口君が家の中に入ると、僕は一目散に走り出した。――山口君とはとても仲がいい。でも、かれは時々僕をからかうことだってあるじゃないか。でも、僕のことを親友だと公言していた。今だって、僕のうそを見ぬいていたのに責めなかった。僕だって、山口君が親友だと思っている。でも、僕は秘密の木を知られたくなかった。――いろいろな思いが、僕の頭の中をかけ回った。

その晩あまりよく眠れなかった僕は、翌朝早く、飼育箱の中の虫を全部虫かごに入れて、もう一度鉄塔山に出かけた。やぶをかき分けて、④秘密の木までたどり着くと、かごの中の虫を次々と雑木林に放してしまった。

あのあと間もなく、父の転勤で僕はこの町をはなれたが、山口君には住所も知らせず、手紙を書くこともなかった。階段を下りた僕は、古い記憶《きおく》をたよりにかれの家をさがしてみた。しかし、様変わりした風景の中で、とうとう見つけることはできなかった。

（本文は、栄光学園国語科による）

問一　傍線部①「ランドセルを投げ出して、きれいにほこりをぬぐうと、虫が生活するためのかれ葉や木くずをていねいに底にしきつめ、いつでも虫を入れられるように準備を整えた。」とありますが、ここから「僕」のどのような気持ちがわかりますか。（20字～30字程度）

問二　傍線部②「さっきよりも小さな声で、僕はもう一度呼んだ。」とありますが、なぜ「さっきよりも小さな声」で呼んだと考えられますか。（50字～60字程度）

問三　傍線部③「僕は、獲物の入った虫かごを背中の後ろにかくしながら、上目づかいにかれの顔を見て言った。」とありますが、ここから「僕」のどのような気持ちがわかりますか。（50字～60字程度）

問四　傍線部④「秘密の木までたどり着くと、かごの中の虫を次々と雑木林に放してしまった。」とありますが、「僕」がこのようなことをしたのはなぜですか。
（50字〜60字程度）

【問一／解説】

若：さて、いよいよ「物語文」だ。もっとも、前に「随筆」のところで言ったと思うけど、「随筆の解き方」とか「物語文の解き方」というのがあるわけではないね。

ト：はい。これは設問文に「どのような気持ちがわかりますか」とあるので、《気持ち問題》ですね。

若：そうだ。**《気持ち問題》の解き方は、まず言動・情景描写から「気持ち」を読み取ること**だったね。

ト：何となくとか、フィーリングではダメなんですよね。

若：その通り。具体的な「言動」に注目することがポイントだ。

ト：はい。

若：「言動」というのは主に、セリフ・行動・表情だね。設問文に「ここから『僕』のどのような気持ちがわかりますか。」とあるので、まずはそれらしき言動を傍線部①から見つけてみよう。

ト：……こんな感じですか？

（ア）ランドセルを投げ出して→待ちきれない気持ち、はやる気持ち、はりきる気持ち
（イ）きれいにほこりをぬぐう→虫捕りに意気込む気持ち
（ウ）かれ葉や木くずをていねいに底にしきつめ→虫捕りに意気込む気持ち

若：いいと思うよ。「気持ち」の読み取りもだいたいいいんじゃないかな。ただこれを全部入れるのは無理だから、これらを何とか短く言い表せないかな？ なるべく一言で。

ト：難しいな～。

若：じゃあ私が言おうか？（笑）

ト：いや、駄目です！ 僕に考えさせてください！

若：うん。では、もう少し待とうか。

ト：う～ん……たとえば〈虫をつかまえてやろうと意気込む気持ち〉というのはどうですか？

若：おお、いいんじゃないかな。それ、ぴったりだよ。

ト：なるほど。こうやって短く分けて考えると、「言動」から読み取りやすいですね！

若：それは頼もしいね。では、次は、なぜそういう「気持ち」になったのかの「理由」を考える。《気持ち問題》は「理由＋気持ち」で答えるんだったね。「僕」はなぜ〈虫をつかまえてやろうと意気込む気持ち〉になったのだろう？

ト：その「理由」は、

（エ）僕は、準備をしながら、この箱の中でカブト虫やクワガタがえさのスイカの汁《しる》を吸っている姿を想像していた（10～11行目）

から考えると――〈カブト虫やクワガタをつかまえに行くのが楽しみだから〉ではないですか？

若：ＯＫ。では、いま考えた「理由」が正しいかどうかを確認するために、「理由＋気持ち」の一文にしてみようか。

ト：〈カブト虫やクワガタをつかまえに行くのが楽しみだから（理由）、虫をつかまえてやろうと意気込んでいる（気持ち）〉かな？

若：意味はいいと思うよ。あとは解答として重複している部分などを調整してあげればいい。

【問一／解答例】　カブト虫やクワガタをつかまえに行くのが楽しみで、意気込む気持ち。（32字）

・・・・・・・・・・・・・・・・・・・・・・・・・・・・・・・・・・・・・・

【問二／解説】

ト：これは《理由問題》ですね。

若：もうやり方は覚えているね。

ト：はい。「○○はなぜか」「○○の理由を説明しなさい」の○○を「結果」として、それと因果関係のある「原因・理由」を見つける。見つけたら、「原因・理由＋結果」の文を作ってみて因果関係が正しいかを確かめる。

若：ばっちりだね。ただし、物語文のときに注意することがあったね。

ト：あ、そうでした！　**物語文の《理由問題》では、「気持ち」も解答の中に入れる**のでした。

若：よし、そこまで確認したら、早速やってみようか。ここのポイントは、なぜわざわざ「さっきよりも小さな声」で呼んだのかということでしょう。一度呼んで返事のなかった山口君を再び呼ぶのであれば――

ト：普通はもっと大きな声で呼びかけると思います。

若：そうだ。ではなぜ「さっきよりも小さな声」で呼んだのか。

ト：――いやあ、この気持ち、わかるなあ。つまり、カブト虫やクワガタをひとりじめしたくなったんですよね。「近所に迷惑にならないためだと自分に言い聞かせ」（22行目）とか「返事がないことを期待して」（22〜23行目）とかいう、自分に対するアリバイ作りをしている気持ちもよくわかります。「返事がなかったから仕方がない、と自分を説きふせて」（24〜25行目）とあるように、罪悪感もありながら、それでも山口君といっしょではなく、ひとりでカブト虫やクワガタをつかまえたくなった。

若：後ろの方に、「僕は秘密の木を知られたくなかった」（38行目）なんていうことも書いてあるね。

ト：あ、本当だ。すると先生、「さっきよりも小さな声で」の理由として考えられる箇所を短く分けて見つけてみると、次の（ア）〜（ウ）あたりになると思います。

（ア）鉄塔山の秘密の木まで行けば、樹液に虫が群がっているだろう。僕の秘密の木には……。そう、僕だけの秘密の木には……。（19〜20行目）↓虫をひとりじめしたくなった

（イ）返事がないことを期待して（22〜23行目）

（ウ）僕は秘密の木を知られたくなかった（38行目）

若：よし。ではトモヤ君、（ア）〜（ウ）が本当に「原因・理由」として適切か、これらを「結果」である傍線部②につないで確認してみようか。

（ア）**虫をひとりじめしたくなった**から、さっきよりも小さな声で、僕はもう一度呼んだ。↓因果関係は正しい。

（イ）**返事がないことを期待して、**さっきよりも小さな声で、僕はもう一度呼んだ。↓因果関係は正しい。

（ウ）**僕は秘密の木を知られたくなかった**から、さっきよりも小さな声で、僕はもう一度呼んだ。↓因果関係は正しい。

ト：因果関係はすべて正しいですね。

若：では、いまの（ア）〜（ウ）をうまくつなぎ合わせて、「原因・理由」を完成させようか。**解答のルール①　主語・述語・目的語のわかりやすい文にする**にも気をつけて。

ト：はい。こんなのはどうですか。〈虫をひとりじめしたくなった「僕」は、山口君に秘密の木を知られたくなくなり、山口君からの返事がないことを期待したから。〉（58字）

若：念のため、傍線部②を「結果」として、「原因・理由＋結果」の文にして読んでごらん。

ト：〈虫をひとりじめしたくなった「僕」は、山口君に秘密の木を知られたくなくなり、山口君からの返事がないことを期待したから（原因・理由）、さっきよりも小さな声で、僕はもう一度呼んだ。（結果）〉

若：よし、それが解答でいいでしょう。

ト：——あれ？　先生。「気持ち」は入れなくていいんですか？　物語文の《理由問題》では、「気持ち」も解答に入れるって——。

若：その通りなんだけど、この解答にはすでに「気持ち」が入っているでしょう。〈ひとりじめしたくなった〉とか〈知られたくなくなり〉、〈期待した〉といったところは「気持ち」だよね。だからもうこれ以上入れる必要はないよ。

ト：そうか、そう言われればそうですね！

【問二／解答例】　虫をひとりじめしたくなった「僕」は、山口君に秘密の木を知られたくなくなり、山口君からの返事がないことを期待したから。（58字）

…………………………………………

【問三／解説】

ト：これも《気持ち問題》ですね。

若：その通り。物語文の半分くらいは《気持ち問題》だ。この問題も「ここ（＝傍線部）から「僕」のどのような気持ちがわかりますか。」とあるので、まずは傍線部③から「気持ち」の読み取れそうな言動を見つけ、そのときの「気持ち」を読み取ろう。

ト：はい。次の二カ所だと思います。

（ア）獲物の入った虫かごを背中の後ろにかくしながら↓うしろめたい気持ち

（イ）上目づかいにかれの顔を見て↓？

若：「上目づかい」とは「顔を伏せたまま目だけを上に向けること」だね。これはどういうときにする動作だろうね？

ト：え〜と、相手を直視できないようなときだから……やましい気持ちか、何かを心配しているときですか？

若：そうだろうね。ただ、（イ）のやましい気持ちというのは、（ア）の〈うしろめたい気持ち〉とほぼ同じだ。したがって今回、（イ）は〈心配〉という方向で行こう。

ト：先生。両方とも〈うしろめたい気持ち〉または〈やましい気持ち〉ではダメですか。

若：ダメではないよ。ただね、**人間の心理というのはそう単純なものではないだろう**。うれしい気持ちがあるのと同時に少しさみしかったり、くやしさを感じつつもどこかほっとしたところがあったり。一面的にはとらえられないことが多いね。だからこういうとき、**解答になるべく複数の「気持ち」を入れた方が、解答に広がりと深みが生まれるんだ**。もちろん、いつも「気持ち」を複数入れなければならないわけではないけどね。

ト：ああ、その人間の心理は単純ではないという話、よくわかる気がします。

若：よし。では、次に行こう。次の手順としては——

ト：いま考えた〈うしろめたい気持ち〉や〈心配〉という気持ちを「結果」として、なぜそのような「気持ち」になったのかの「理由」を探します。まずは〈うしろめたい気持ち〉の方ですが――あれ？　本文には書かれてなさそうなんですが……。

若：うん。**解答の根拠は、基本的には本文に書かれていることをもとにする。ただし、本文に直接は書かれていない場合もある。**そういうときはどうするんだっけ？　前にもやったね？

ト：ああ、そうでした！　え～っと……**普通に考えてわかること、当然読み取れることのレベルで読み取ること**だったと思います。

若：そうだ。そうすれば自分勝手な、本文からかけ離れた解釈から逃れられるからね。では、トモヤ君。改めて、〈うしろめたい気持ち〉の「理由」が読み取れそうなところはないかな？

ト：次のあたりはどうですか？

（ウ）獲物をとらえて有頂天だった（26行目）

（エ）山口君の家の前までは、約束のことも忘れて（27行目）

ここから、〈山口君との約束を破り、一人でカブト虫やクワガタをつかまえてきたから〉（33字）ということが読み取れるかなと。

若：ほう、なるほどね。

ト：「理由＋気持ち（結果）」の文にして確かめると、〈山口君との約束を破り、一人でカブト虫やクワガタをつかまえてきたから（理由）、うしろめたい気持ちになった（気持ち）〉で、因果関係も成り立ちます。

若：トモヤ君、だいぶ読み取りが上手になってきたね。では、〈心配〉になった理由の方も説明してもらおうか。

ト：はい。こちらは――

（オ）「ずいぶんおそかったね。寝坊したの？」
　山口君は、僕がやってきたのが里山の方からであるとわかっているはずなのに、そうたずねた。（28～29行目）
（カ）「……。い、いや、朝呼んだのに、返事がなかったからさ。一人で……。」（30行目）
（キ）山口君の表情がちょっとくもった。僕はすぐに目をそらした。（31～32行目）

　このあたりから考えて――〈山口君にうそがばれているのではないかと思ったから〉（24字）というのが理由として考えられます。これも「理由＋気持ち（結果）」の文にすると、〈山口君にうそがばれているのではないかと思ったから（理由）、心配だった（気持ち）〉となり、正しいように思います。

若：なかなかいいね！　では最後に、**解答のルール①　主語・述語・目的語のわかりやすい文にする**にも気をつけて解答を整えよう。また、設問には「どのような気持ちがわかりますか」とあるから、文末は「～の気持ち」または「気持ちを表す体言」で結ぶことも忘れずに。（**解答のルール④　文末表現に注意する**）解答例を挙げておきます。

【問三／解答例】　山口君との約束を破り、一人でカブト虫やクワガタをつかまえてきたうしろめたさと、うそがばれているのではないかという心配。（59字）

…………………………………………

【問四／解説】
ト：この問題は《理由問題》ですね。
若：解き方の手順はもう大丈夫そうだから、早速やっていこう。

ト：まず、傍線部④「秘密の木までたどり着くと、かごの中の虫を次々と雑木林に放してしまった。」を「結果」としたときの「原因・理由」を本文から探すと――う～ん、先生、本文には「原因・理由」にあたる部分は書かれていないように思うのですが……。

若：そうだね。では、本文に答えの根拠がはっきりと書かれていない場合はどうするんだっけ？

ト：ああ、**本文に書いてあることから当然読み取れること**を推測するのでした！

若：その通り。かごの中の虫を雑木林に放す前日の記述の中に、「いろいろな思いが、僕の頭の中をかけ回った。」（38～39行目）とあるけれど、その「いろいろな思い」のために「僕」は虫を放したんだろうね？　では「いろいろな思い」とはどんな思いだろう？

ト：それはすぐ直前のこのあたりだと思います。

（ア）山口君とはとても仲がいい。でも、かれは時々僕をからかうことだってあるじゃないか。（36～37行目）

（イ）でも、僕のことを親友だと公言していた。今だって、僕のうそを見ぬいていたのに責めなかった。（37～38行目）

（ウ）僕だって、山口君が親友だと思っている。でも、僕は秘密の木を知られたくなかった。（38行目）

若：ではこのあたりから、**普通に考えてわかること、当然読み取れることのレベルで**「原因・理由」を考えてみよう。問三で考えたように、「僕」はうしろめたさを感じていたんだよね？

ト：う～ん……うまく言えないけど、〈親友の山口君との約束を破って一人で虫をつかまえたことへのうしろめたさから解放されたかったから〉（46字）という感じでしょうか？

若：ああ、なるほどね。それは当然あるだろうね。問三で考えたうしろめたさから解放されたいというね。――他にはどうだろう？　今みたいに、**当然ありそうなことを考えるといいね**。これも問三で考えたように、「僕」は山口君にうそがばれるのではないかと心配していた。けれど山口君はそのうそを見ぬいていたのに責めなかった。このあたりからはどうだろう?

ト：う〜ん……そのあたりからすると〈親友の山口君にうそをついてしまったことへの罪悪感から逃れたかったから〉（34字）というのもあるように思えます。

若：そうだろうね、罪悪感もあるだろうね。よし、いまの二つの因果関係を確認しよう。

親友の山口君との約束を破って一人で虫をつかまえたことへのうしろめたさから解放されたかったから（原因・理由）、秘密の木までたどり着くと、かごの中の虫を次々と雑木林に放してしまった（結果）。

親友の山口君にうそをついてしまったことへの罪悪感から逃れたかったから（原因・理由）、秘密の木までたどり着くと、かごの中の虫を次々と雑木林に放してしまった（結果）。

ト：因果関係は正しいと思います。

若：いいでしょう。ちなみに、物語文の《理由問題》の解答には「気持ち」も入れるのがいいけれど、ここではすでに「気持ち」が入っているので、さらに付け加える必要はないね。あとはこれらを「わかりやすい解答」に整えればいいだけだ。トモヤ君が考えたことをもとに、重複する部分などをまとめると次のような解答例になる。

【問四／解答例】　約束を破って一人で虫をつかまえたことへのうしろめたさと、親友の山口君にうそをついてしまったことへの罪悪感から逃れたかったから。（63字）

【練習問題9】次の文章を読んで後の問いに答えなさい。（二〇一七年　芝中・改）

卜部《うらべ》小春（わたし）は、中学二年生になり、学校で話題の美人である長谷川優貴（長谷川さん）と同じクラスになりました。中学一年の三学期に転入してきたばかりの長谷川さんはなぜかクラスで孤立《こりつ》していましたが、興味を持った「わたし」はそんなことにかまわず、長谷川さんの唯一《ゆいいつ》の友だちとなります。しかし、ちょっとしたすれ違いから、「わたし」が長谷川さんと一緒《いっしょ》にいる時間は減り、長谷川さんを良く思っていない望月亜梨紗（亜梨紗）や袴田《はかまだ》夢実（ユメちゃん）と一緒にいる時間が増えるようになります。本文はそれに続く場面です。

ふたたび学校が始まった。

わたしはこれまでどおり、亜梨紗やユメちゃんといっしょにいる。

長谷川さんがときどきこっちを見ている気がするけど、気づかないふりをした。

でも、体育の準備体操のときだけは、そういうわけにはいかない。

先生が合図をするとすぐにほかの子たちは二人組になってしまって、仕方なく長谷川さんのところへ行く。ぎこちなく挨拶《あいさつ》を交《か》わして背中合わせのストレッチをはじめる。

「手足、長っ」

「ウエスト細っ」

まわりからささやく声がする。わたしはきこえないふりをして準備体操をつづけた。きっとわたしの体型が、長谷川さんのスタイルのよさをよけいに引き立ててる。

べつに彼女《かのじょ》のことが嫌《きら》いになったわけじゃない。

嫌《いや》でたまらないのは、勝手にいろんなものを長谷川さんと比べて卑屈《ひくつ》になってしまう、自分自身だ。

長谷川さんとなんか、友だちにならなければよかった。

①どうしてほかの女の子たちが長谷川さんと仲よくならないのか、いまはわかる。

テレビや雑誌に出ている芸能人やモデルみたいに、ずっと遠い世界の人でいてくれたら、わたしも純粋《じゅんすい》にあこがれていられたのに。

やっと準備体操がおわって先生の話がはじまった。

前に座《すわ》った長谷川さんのシャツが上にずれ、腰《こし》のあたりの下着がすこしはみ出ている。ショッキングピンクの派手な下着。体育座りの長谷川さんがひざをかかえると、体操着はさらに上にずり上がる。

これって、教えてあげたほうがいいのかな。のぞいた下着をそばで見ているのも落ちつかなくて、やっぱり教えてあげることにした。

そっと手をのばして体操着の裾《すそ》をくいっと引っぱったとたん。

長谷川さんは、体をびくっとさせてふり向いた。

「なに⁉」

とがった声。かたい表情。

「あの、ごめん。ちょっと下着が出てたから」

「ああ、下着……ありがと」

長谷川さんは、はみ出ていた下着をさっと短パンの内側に入れる。

長谷川さんが近寄りがたいのは、見た目のせいなんじゃないかと思ってたけど。さっきの彼女はなんだかこわかった。

警戒心《けいかいしん》をみなぎらせたするどい瞳《ひとみ》……。わたしたちが知らないだけで、彼女はほかにも学校では見せていない顔をたくさん持っているのかもしれない。

「長谷川さんがうちのクラスで浮いてるのって、見た目のせいじゃないよね」

授業のあと、更衣室《こういしつ》で古賀さんと横山さんがしゃべってた。

「わたしもそう思う。だって亜梨紗なんて、美人だけど女子にも人気あるじゃん？」

「あたしも亜梨紗、綺麗《きれい》だから大好きっ」

「こらユメちゃん、汗臭《あせくさ》いからやめてーっ」

ユメちゃんに抱《だ》きつかれたまま、亜梨紗が身をよじる。

「あの人って、表情も話すこともなんか上《うわ》っ面《つら》だけっていうか、本心が読めないんだよね。浮いてるのは性格に原因があるんだって、いいかげん気づけよってかんじ」

更衣室に、長谷川さんの姿はない。

みんなはこのときを待っていたかのように、長谷川さんについて思っていたことをぶちまける。

「小春は長谷川さんのこと、どう思う？」

とっさになんて答えていいかわからなくて、首をぶんぶん横に振《ふ》った。

「まあ、そんなところだよね」

まわりの子たちは、神妙《しんみょう》な顔でうなずいている。

次の体育の時間はあっというまにやってきた。

「じゃあ、今度は馬跳《と》び十回ずつ！」

二人組の準備体操。長谷川さんはかがみこんだわたしの背中に手をついて、先に十回跳びこえる。次はわたしの番。
②数日前にあんなことがあったばかりだから、彼女の体に触《ふ》れるのはただでさえ気を遣《つか》う。それに、背の高い長谷川さんの上を跳びこえるのはけっこうきつい。

「あの、もうすこしかがんでくれる？」

二回跳んだところで、お願いした。

「うん」

長谷川さんは体操着の裾をぎゅっと引っぱってから、かがみこむ。

下着がはみ出てないか、気になってるのかな。

もっと姿勢を低くしてほしいんだけど……。

なんとか跳びこえようとして、バランスをくずしてしまった。

わたしは長谷川さんごと砂の上にころがった。

「大丈夫《だいじょうぶ》!?」

駆《か》け寄《よ》ってきたまわりの子たちに助け起こされる。

「……うん。長谷川さんは？」

「わたしも平気」

長谷川さんは、髪《かみ》や体についた砂をはらいながら言った。よかった。顔に傷がついてなくて。

「保健室、行ってきなよ。ケガしてる」

誰かの声。見ると、長谷川さんの脚《あし》に血がにじんでいる。

「すぐに連れてく。行こっ、長谷川さん」

わたしは言った。

「このくらいぜんぜん平気。それより、卜部さんも血が出てる」

そういえば、校庭の砂がめりこんだ手のひらやひざが焼けつくように痛い。

「わたしのことなんか、どうでもいいよ」

連れだって校舎へと向かいながら言った。

「よくない」

長谷川さんはちょっと怒《おこ》ったように言った。

「だって、わたしのせいで長谷川さんにケガさせたんだもん。顔も体も、大事な商売道具なんでしょ？」

長谷川さんは、小さくため息をついて歩きだした。

同い年なのに、すべてを悟《さと》りきってるような顔。刺《とげ》のある言葉なんか、まともに相手にしている暇《ひま》はないって顔をされると、ますますみじめになってくる。

保健室に、先生はいなかった。

「しずかだね」

沈黙《ちんもく》に耐《た》えられなくて話しかけた。

窓の外から、ホイッスルの音とみんなの声がきこえてくる。消毒液と薬品のまざったような苦味のあるかおりが、部屋のなかを満たしている。

「卜部さん」

流しの水で傷口を洗っていたら、うしろから声がした。

水を止めてふり向くと、長谷川さんは片脚《かたあし》に血をにじませたまま、うつむいて体操着のウエストのあたりをごそごそとなおしている。

「ちょっと見てほしいものがあるの」

白シャツがまくりあげられ、その下からあざやかなピンク色の布地が現れた。布は、筒《つつ》のようにお腹《なか》のまわりに巻きついている。

この季節に腹巻き？

　彼女は両手で腹巻きを一気にずりあげた。

　すこしのあいだ、わたしはそれがなんなのか、わからなかった。

　そこにあるのは、胴体《どうたい》しかありえないのに。

　彼女の胴体は褐色《かっしょく》で、浅くえぐれていた。干《ひ》からびた水たまりみたいに乾《かわ》いた肌《はだ》の上を、極太《ごくぶと》のミミズのような傷が這《は》っている。左胸のすぐ下あたりからはじまって、右の脇腹《わきばら》までななめにのびた、一本の長い傷痕《きずあと》。

「それ、どうしたの？」

　口からしぼりだした声はかすれていた。

「事故に遭《あ》って、手術した跡《あと》。たぶん一生残ると思う」

「痛くない？」

「ごくたまに違和感《いわかん》はあるけど。何年も前のことだから、もう普段《ふだん》の生活に支障はない。よかったらさわってみる？　意外に感触《かんしょく》いいの。卜部さんならさわらせてあげる」

　おそるおそる手をのばして肌をなでる。ぼっこりと盛りあがった傷痕はツルンとしている。傷の部分は血色のいい桃色で、そのまわりの肌は砂地みたいにざらついている。地面の上にできたくぼみは目にとまらないのに、お腹にできたくぼみからは、どうして目が離《はな》せないんだろう。

　胸がドキドキして呼吸が浅くなる。これまでのことを、すべてあやまりたい衝動にかられる。

「ごめん」

　口にしたあとで失言だったと気がついた。けれどももう遅《おそ》い。

「ごめん」

　ごめんなんて言って、ごめん。

　長谷川さんは、わたしがあやまるたびに首を横に振り、悲しそうに笑った。

その顔は、「きれいだね」って褒《ほ》められたときに似ている。

ついさっきまで長谷川さんに抱いていた、どす黒いこんがらがった感情は、跡形《あとかた》もなく消え去っている。

お腹にこんな傷があるなんて、まったく気づかなかった。

雑誌に載《の》っていた、向かうところ敵なしってかんじの強気な笑顔《えがお》が胸に刺《さ》さる。

がんばれ。

ストンと、そう思った。

わたしはつくづく単純で、つまらない人間だ。

こんなにひどい傷を見て、また長谷川さんと友だちになりたいと思ってるなんて！

だけど……③必死に自分の弱い部分をさらけ出してくれた、彼女の勇気に応《こた》えてあげたい。

〈『向かい風に髪なびかせて』〈河合二湖・講談社〉より〉

問一　――線部①〈どうしてほかの女の子たちが長谷川さんと仲よくならないのか、いまはわかる〉とありますが、みんなが長谷川さんと仲よくならないのはなぜだと〈わたし〉は考えていますか。25字以上35字以内で説明しなさい。

問二　――線部②〈数日前にあんなことがあったばかりだから、彼女の体に触れるのはただでさえ気を遣う〉とありますが、〈あんなこと〉とはどんなことですか。30字以上40字以内で説明しなさい。

問三　――傍線部③〈必死に自分の弱い部分をさらけ出してくれた、彼女の勇気に応えてあげたい〉とありますが、長谷川さんとの関係に対する〈わたし〉の感情は、どのように変化したのですか。80字以上90字以内で説明しなさい。

【問一／解説】

ト：先生。自分で言うのもなんですが、だいぶ慣れてきて、記述問題の書き方もわかってきたように思います。

若：お、それは頼もしいね。では今回もトモヤ君に説明してもらおうか。実際、人に説明するというのが一番勉強になるからね。

ト：はい。それは感じます。本当にわかっていないと説明できないし、逆に説明できないところがあると、やはりそこがあやふやだったりするものです。

若：うん。それがわかっているだけでも大したものだよ。

ト：ありがとうございます。では、――この問題は《理由問題》です。「結果」は「みんなが長谷川さんと仲よくならない」です。その「原因・理由」を本文から探してみると――そのまま解答として使えそうなところはないのですが、

（ア）きっとわたしの体型が、長谷川さんのスタイルのよさをよけいに引き立ててる。（9～10行目）

（イ）嫌《いや》でたまらないのは、勝手にいろんなものを長谷川さんと比べて卑屈《ひくつ》になってしまう、自分自身だ。（12行目）

（ウ）テレビや雑誌に出ている芸能人やモデルみたいに、ずっと遠い世界の人でいてくれたら、わたしも純粋《じゅんすい》にあこがれていられたのに（15～16行目）

あたりから「原因・理由」が推測できるかなと。え～と、こういう場合は、**自分勝手な解釈にならないように、当然本文から読み取れることを推測することが大切なのでした。**

若：うん、いいじゃないか。読解問題では本文に書いてあることから答えを見つけるのが原則だけれど、直接的な答えが書いていない場合、書かれていることをもとに正しい推測をしなければならない。だからこの問題のように、直接的な答えが本文に書いていない問題の方が、一段難しいね。

ト：はい。すると、みんなが長谷川さんと仲よくならない「原因・理由」として（ア）と（イ）から当然読み取れそうなことは、〈長谷川さんと容姿を比べられると自分が劣っているように思えるから〉（31字）ということだと思います。その「原因・理由＋結果」の文は、

〈長谷川さんと容姿を比べられると自分が劣っているように思えるから（原因・理由）、みんなが長谷川さんと仲よくならない（結果）。〉となり、因果関係は正しいとわかります。

また、（ウ）ですが、ここからは〈長谷川さんと友だちでなければ、純粋にあこがれの対象のままだから〉（31字）ということが「原因・理由」として考えられるかと思います。「結果」とつないでみると、

〈長谷川さんと友だちでなければ、純粋にあこがれの対象のままだから（原因・理由）、みんなは長谷川さんと仲よくならない（結果）〉となり、因果関係は……あれ？これは――なんか違うような気がしますね。

若：どう違うの？

ト：うまく言えないんですけど――確かに「わたし」は長谷川さんにあこがれていますが、他のみんなはあこがれているとはいえないのではないかなと。――少し後、体育の授業後の更衣室の場面で、

（エ）みんなはこのときを待っていたかのように、長谷川さんについて思っていたことをぶちまける。（41行目）

なんてありますから。だから「原因・理由」と「結果」との間の因果関係が正しくないような……。

若：そうだね。（ウ）の部分を「原因・理由」とするのは苦しいだろうね。

ト：ああ、またやっちゃったなぁ……。

若：いや、トモヤ君。それはそれでいいんだよ。自分がそうだと思ったことが違うことはいくらでもあるんだから。**大切なことは、いまみたいに、自分で自分の間違えに気づいて修正できることだ。**なぜかといえば、入学試験本番では、先生がこうしてついていてあげることはできないんだからね。自分で誤りに気づき、自分で修正できる。そういう生徒がやはり強いんだと思うよ。

ト：…はい。では、気を取り直して。え～と、――あ、**これは物語文なので、《理由問題》の解答に「気持ち」を入れる**のでした。さっき（ア）と（イ）から考えた〈長谷川さんと容姿を比べられると自分が劣っているように思える（から）〉とき、みんなの「気持ち」を短く一言で言うと――〈劣等感〉でしょうか。だから、え～と、――

若：「原因・理由＋気持ち」で解答を作る。

ト：ああ、そうでした。ではここまでをまとめます。

「原因・理由」　＝長谷川さんと容姿を比べられると自分が劣っているように思えるから

「気持ち」　＝劣等感

だから、「原因・理由＋気持ち」で解答を整えると、

〈長谷川さんと容姿を比べられると劣等感を感じてしまうから。〉（28字）となります。

若：パチパチパチ！（拍手）うん、いいじゃないか、トモヤ君。

ト：ありがとうございます！　だいぶ、自信がつきました。

若：それだけできれば十分。ただし、〈劣等感を感じる〉の部分は〈劣等感を抱く〉が正しいけどね。

【問一／解答例】　長谷川さんと容姿を比べられると劣等感を抱いてしまうから。（28字）

・・・・・・・・・・・・・・・・・・・・・・・・・・・・・・・・・・・・

【問二・解説】

ト：これは――《言いかえ問題》ですね。

若：その通り。ただしこれは傍線部を分けて説明する必要はないね。単に「あんなこと」という指示語を別のわかりやすい言葉で言いかえるだけだ。ではこれもトモヤ君に解説してもらおう。

ト：がんばります！

　傍線部②を読むと、「あんなこと」とは数日前にあったことであり、彼女の体にさわることに関係することだとわかります。このあたりをヒントに、**本文から答えになりそうなところを短く分けて見つけると**――次の（ア）～（キ）に書いてあることだとわかります。

（ア）前に座《すわ》った長谷川さんのシャツが上にずれ、腰《こし》のあたりの下着がすこしはみ出ている。（18行目）

（イ）のぞいた下着をそばで見ているのも落ちつかなくて、やっぱり教えてあげることにした。（20～21行目）

（ウ）そっと手をのばして体操着の裾《すそ》をくいっと引っぱったとたん。（22行目）

（エ）長谷川さんは、体をびくっとさせてふり向いた。（23行目）

（オ）とがった声。かたい表情。（25行目）
（カ）さっきの彼女はなんだかこわかった。（29行目）
（キ）警戒心《けいかいしん》をみなぎらせたするどい瞳《ひとみ》……。（30行目）

あとはここから言葉を拾って、「わかりやすい解答」になるように解答を作ります。特に「長谷川さんの下着がはみ出ているのを教えてあげた」「長谷川さんはとがった声とかたい表情で反応した」「長谷川さんの警戒心をみなぎらせたするどい瞳がこわかった」あたりを中心にまとめると――

〈下着が出ているのを教えたときの長谷川さんの反応が警戒心に満ち、こわかったこと。〉（39字）

となります。

若：本文の言葉を上手く使えているね。**解答のルール① 主語・述語・目的語のわかりやすい文にする** にも注意できている。なかなかいい解答だと思うよ。

【問二／解答例】　下着が出ているのを教えたときの長谷川さんの反応が警戒心に満ち、こわかったこと。（39字）

【問三／解説】

若：さて、この問題は実は【練習問題】では初めてのパターンなんだ。
ト：え、まだパターンありましたっけ？
若：設問文に「長谷川さんとの関係に対する〈わたし〉の感情は、どのように変化したのですか」とあるね。これは

《気持ち問題》なんだけど、その中でも《気持ちの変化の問題》というやつ。

ト：あ、確か一度やったように思います。あの、王様が王子を変えるのをあきらめたという……。

若：そうそう、それだ。手順を確認しておこうか。イメージとしては二つの《気持ち問題》を合わせたようなものだね。

《気持ちの変化の問題》の解き方の手順

手順❶「変化後の気持ち」を読み取る。

手順❷「変化後の気持ちの理由（変化のきっかけ）」を本文中から読み取る。

手順❸「変化前の気持ち」を読み取る。（「変化後の気持ち」の逆になっていることが多い）

手順❹「変化前の気持ちの理由」を本文中から読み取る。

手順❺「変化前の気持ちの理由＋変化前の気持ち＋変化後の気持ちの理由（変化のきっかけ）＋変化後の気持ち」で解答を書く。

若：覚えているかな？「変化後の気持ち」を先に探すのがコツだったね！これは要するに、傍線部③〈必死に自分の弱い部分をさらけ出してくれた、彼女の勇気に応えてあげたい〉のときの気持ちのことだ。

ト：そうでした！

――すると、傍線部③の直前に、

（ア）また長谷川さんと友だちになりたいと思ってるなんて！（119行目）

とありますから、ここから読み取れるのは〈また長谷川さんと友だちになりたいという気持ち〉です。

若：傍線部内の「彼女の勇気に応えてあげたい」というのは、つまり、彼女（＝長谷川さん）の勇気に応えて友だちに戻りたいということだね。ただ、もう少し前にも「変化後の気持ち」がわかるところがあるでしょう。

（イ）ついさっきまで長谷川さんに抱いていた、どす黒いこんがらがった感情は、跡形《あとかた》もなく消え去っている（113行目）

（ウ）がんばれ（116行目）

このあたりはどうだろう？

ト：あ、見逃していました！

若：ただし（イ）の「どす黒いこんがらがった感情」というのは比喩だから、答えに入れてはいけない。別のわかりやすい言葉に言いかえるんだ。（解答のルール②　指示語・比喩・わかりにくい表現は具体化して言いかえる）

ト：はい。「どす黒いこんがらがった感情」とは――比喩を用いずに表すと、〈長谷川さんへの悪い感情〉というのはどうでしょう。だから（イ）から読み取れることは〈長谷川さんへの悪い感情は消えた〉ということだと思います。

若：「悪い感情」というのはやや漠然としているけど、まあいいでしょう。欲を言えば、たとえば〈不信感〉などと言いかえられるといいかもしれないね。ちなみにここでは、ある感情が消えたというのもひとつの「気持ち」と考えるよ。

　ではトモヤ君、（ウ）から読み取れる「気持ち」は？

ト：「がんばれ」だから、〈長谷川さんを応援したい気持ち〉だと思います。

若：ＯＫ。すると「変化後の気持ち」としては大きく三つ、順に〈長谷川さんに対する悪い感情は消えた〉〈長谷川さんを応援したい気持ち〉〈また長谷川さんと友だちになりたいという気持ち〉とわかるね。

　では、なぜそのような「気持ち」になったのか。「気持ち」が変わるということは、何らかの変化のきっかけがあったわけでしょう？ 次はその「変化後の気持ちの理由（変化のきっかけ）」を読み取っていこう。

ト：はい。これは傍線部③の直前に、

（エ）こんなにひどい傷を見て（119行目）

とあります。「こんなにひどい傷」というのは「手術した跡《あと》」（99行目）のことだから……つまり、「変化後の気持ちの理由（変化のきっかけ）」は、〈長谷川さんが手術跡を見せてくれたから〉とわかります。

若：では「変化後の気持ちの理由（変化のきっかけ）」と「変化後の気持ち」の因果関係を確認しよう。

〈長谷川さんが手術跡を見せてくれたから（理由）、長谷川さんに対する悪い感情は消えた（気持ち）〉
〈長谷川さんが手術跡を見せてくれたから（理由）、長谷川さんを応援したい気持ちになった（気持ち）〉
〈長谷川さんが手術跡を見せてくれたから（理由）、また長谷川さんと友だちになりたいという気持ちになった（気持ち）〉

　どれも間違いないね。ここまではよし。

ト：はい。では次に「変化前の気持ち」ですね。これは――「変化後の気持ち」とは反対の気持ちを探せばいいのでした。

若：そう。**「変化前の気持ち」は、「変化後の気持ち」の反対に当たるような気持ちを探せばいい**。そうやって見当をつける。

ト：「変化後の気持ち」の反対だから……友だちでいたくない、というような気持ちですよね。すると――次の（オ）の部分かな。

（オ）長谷川さんとなんか、友だちにならなければよかった。（13行目）

ここから読み取れる気持ちは――〈長谷川さんと友だちにならなければよかったという気持ち〉？

若：間違いではないけど、それだと、ちょっと日本語としてはこなれないね？

ト：う〜ん――あ、〈後悔〉なんてどうですか？〈長谷川さんと友だちになったことへの後悔〉。

若：それがいいね。

ト：よし！それでは次に、「変化前の気持ちの理由」を考えます。なぜ〈長谷川さんと友だちになったことへの後悔〉をしていたかということですが――これは（オ）のすぐ前に、

（カ）嫌《いや》でたまらないのは、勝手にいろんなものを長谷川さんと比べて卑屈《ひくつ》になってしまう、自分自身だ。（12行目）

とありますから、〈長谷川さんと自分を比べると卑屈になってしまうから〉なんてどうでしょうか。

若：因果関係を確認しよう。

〈長谷川さんと自分を比べると卑屈になってしまうから（理由）、長谷川さんと友だちになったことを後悔した（気持ち）〉

これも正しいね。もちろん、問一の答えとして考えた〈長谷川さんと容姿を比べられると劣等感を抱いてしまうから〉という理由も、「わたし」に当てはまるので、こちらを使うのもありだと思うけどね。

では、ここまでをまとめてみようか。

「変化前の気持ちの理由」…長谷川さんと自分を比べると卑屈になってしまうから
「変化前の気持ち」………長谷川さんと友だちになったことへの後悔
「変化後の気持ちの理由」…長谷川さんが手術跡を見せてくれたから
「変化後の気持ち」………長谷川さんへの悪い感情は消えた／長谷川さんを応援したい気持ち／また長谷川さんと友だちになりたいという気持ち

これらを解答としてまとめればいいね。

ト：ふう、これもなかなか骨の折れる問題でしたね。

【問三／解答例】　長谷川さんと自分を比べると卑屈になるため、友だちになったことを後悔していたが、手術跡を見せてもらったことで悪い感情は消え、彼女を応援し、また友だちになりたいという気持ちになった。（89字）

【練習問題10】 次の文章を読んで、後の問いに答えなさい。(二〇一五年　筑波大学附属駒場中・改)

さむらいは大きく手をうって女中をよぶと、店さきではじめていた自分の食事も、三五郎《さんごろう》のへやにはこばせた。

「こうしてところをかえてかたりあうも、よかでごわすの、ハハハハ。」

①さむらいは、女中がへやにくるたびに、まるでふるい友だちかなにかのようにふるまった。女中がでていくと、ふたりはながいあいだおしだまってむかいあった。さむらいはしきりと酒をのみつづける。

三五郎はたまらなくなって、口をきった。

「いつでございますか。」

「いつって?」

「おわかりでしょうに……。そのためにわたしをつけてこられたのでしょうに。」

「ああ、そのことでごわすか。」

さむらいはそういうと、ちょっと口にえみをうかべた。

「わらってくださるな。ごらんのように、わたしは一本の刀ももっておりません。いつだってすきなときにきれるでしょうに、不意打ちなさらずとも……。わたしだって身分はいやしい職人でございますが、すこしは人のうえにもたってきたものです。みっともないざまを、ひと目にさらしたくはございません。」

「不意打ちなどせんですばい。」

さむらいはそういうと、とっくりの酒をまたどくどくと茶わんにうつして、いっきにのみほし、フーッとひとつ大きくいきをはいた。

「不意打ちをするなら、あの川内川《せんだいがわ》のかわらか、とうげの道でやっとるです。いやもっとまえに……。」

「山ごえの道も、ずっとつけてこられたのか。」

「そうでごわすとも。それがおいどんの商売でごわすもの……。じゃが、きれなかった。おいどんにはきれなかった。」

三五郎はじっとさむらいの顔をみつめていた。さむらいは、おもわず目をそらして、ごまかすように、また茶わんの酒をのみほした。そして、からになった茶わんをみつめながら話つづけた。

――三五郎は街道《かいどう》をそれて、川に沿って歩き始めると、さむらいは、（まくつもりだな）とおもって、あわてて自分も川にそって三五郎のあとを追ったのだった。

川には豊かな水があった。ひと目もない。きるにはもってこいの場所だった。

さむらいはようすをうかがった。すると三五郎は、ふとたちどまって、かわらにおりていった。しばらくじっとたったまま、かわらをみつめていたが、そのうちその場にしゃがみこんでしまった。

（どうしたのだろう。なにをみつけたのだろう。）

さむらいは、からだをのりだして、三五郎のようすをうかがった。

石工《いしく》がよい石をさがすときには、まずかわらの石をさがすのである。よい石ころがある川上には、かならずよい石場がある。

三五郎は、たしかに、あとをつけてくるあやしげなさむらいをまくために、街道をそれたのであったが、かわらに美しいみどりがかった黒石をみつけたとき、それをしらべずにとおりすごすことはできなかったのだ。

それをみたさむらいは、三五郎が自分からにげるためではなく、石をしらべるためだったのかとおもうと、②ふと殺意をそがれてしまった。それからもあとをつけると、三五郎はまたしてもかわらにおりて、石をしらべしらべ、もうまるで追われるもののようではない――。

「わしは、永送り専門の、いやしいさむらいでごわす。なん人の人をきりころしてきたか、かぞえることなどできもさん。おはんにゃ、とてもわかりもさんとおもうが、あとをつけて、あいてがまったくわしに追われていることに気がつかないうちは、なかなかきれないものでごわす。しおどき、ちゅうもんがごわしての、あいてが、追われていることに気がついて、にげかくれしはじめると、やっとその気になるもんでごわす。」

「では、わたしたちのなかまも、あなたが……?」

「おゆるしくだされ。殿《との》さまじきじきの命令でごわす。おいどんが役目にごわす。」

三五郎は「あー」と、ひとつふかいためいきをついた。

（やっぱりそうだったのか。）

そうおもうと、とても自分ひとりだけがたすかって、郷里に帰るわけにはいかないとおもう。

「わたしもきってくだされ。」

「いや、きらん。わしにはきれん。③岩永三五郎どのをきるわけにゃまいりませぬわ。おはんは、わしにはようわからんが、えらいおかたにちがいない。おはんは、わしに、いのちごいをしなさらん。わしはいのちごいをするやつば、きりすてる……。」

三五郎の頭に、新八、利一、万平、源助《げんすけ》……など、なかまの石工たちのすがたがうかんだ。みな石をきざむことのほかには、なにもしらない善良な石工たちである。きられるときに、どんなすがたでこの人きりざむらいにいのちごいをしただろうか。三五郎ははげしいいかりをこめた目で、じっとさむらいをにらんだ。

（『肥後《ひご》の石工』〈今西祐行《いまにしすけゆき》・岩波書店〉による）

〈注〉女中……ここでは店で働く女性のこと。

永送り……切り捨てて殺すこと。

殿さまじきじきの命令……肥後〈現在の熊本県《くまもと》〉の石工・岩永三五郎とその仲間たちは、薩摩《さつま》〈現在の鹿児島県《かごしまけん》西部〉藩《はん》で石橋を築いた。しかし、その橋には特殊《とくしゅ》な仕掛《しか》けが施《ほどこ》されており、薩摩藩はその秘密を守るために、かかわった石工たちをひそかに殺していた。

問一　――①「さむらいは、女中がへやにくるたびに、まるでふるい友だちかなにかのようにふるまった」とありますが、それはなぜですか。（25字〜35字程度）

問二　――②「ふと殺意をそがれてしまった」のはなぜですか。（25字〜35字程度）

問三　――③「岩永三五郎どのをきるわけにゃまいりませぬわ」とありますが、「さむらい」の「三五郎」への思いはどのように変わってきたか、本文全体から説明しなさい。（50字〜70字程度）

【問一／解説】

若：九州の方言が使われているね。「ごわす」とか「ばい」とか「おいどん」とかね。

ト：「ごわす」ってどういう意味ですか？

若：「ごわす」というのはね、「ございます」という意味。丁寧な言葉なんだよ。

ト：このさむらいの言葉遣いから想像すると、体が大きくて、力の強そうな……教科書で見た「西郷隆盛」みたいな人を思い浮かべてしまいます。

若：それはわかる気がするね。ただ、少し気の弱い西郷隆盛という感じかな。――さて、問一の《理由問題》からいこうか。これもまた、「原因・理由」が本文に直接書いていないタイプの問題だよ。

ト：う〜ん、これはちょっと難しいですね……。

若：ではトモヤ君。ヒントを出すよ。傍線部①に「まるでふるい友だちかなにかのようにふるまった」とあるね。**「ま**

るで」ということは、本当はそうではないということだよね。つまり、ここでは「ふるい友だち」ではないということだ。ではなぜさむらいは「ふるい友だち」ではないのに、わざわざ「ふるい友だち」のふりをしたのだろうね。そういう嘘をつくときというのは――

ト：……何か知られたくないことがあるとき？

若：そうでしょう。こんなふうに、**「原因・理由」が本文に直接書いていないタイプの問題では、本文から当然読み取れることを読み取ることがコツだったね。**では実際は、このさむらいはどんな人間なのだろう？

ト：次のあたりから、

（ア）わしは、永送り専門の、いやしいさむらいでごわす（36行目）

（イ）殿《との》さまじきじきの命令でごわす。おいどんが役目にごわす（41行目）

〈殿さまの命令で三五郎を切る役目を負った永送り専門のさむらい〉とわかります。

若：ということは――ここで、さむらいが女中に知られたくないこととは何だろうね？

ト：ああ、そうか！　自分が〈殿さまの命令で三五郎を切る役目を負った永送り専門のさむらい〉だということを女中に知られたくなかったのですね。これを傍線部①とつなげて因果関係を確認すると、

〈自分が殿さまの命令で三五郎を切る役目を負った永送り専門のさむらいだということを女中に知られたくなかったから（原因・理由）、さむらいは、女中がへやにくるたびに、まるでふるい友だちかなにかのようにふるまった（結果）。〉となり、正しいとわかります。

若：物語文の《理由問題》は「原因・理由＋気持ち」で書くけれど、この場合にもすでに〈～を女中に知られたくなかった〉という「気持ち」が入っているので、これ以上付け加える必要はないね。もっとも、解答は指定字数があ

るので、いまの部分を短くして書く必要はあるよ。

【問一／解答例】　自分が三五郎を切る役目を負っていることを女中に知られたくなかったから。（35字）

・・・・・・・・・・・・・・・・・・・・・・・・・・・・・・・・・・

【問二／解説】

ト：これも《理由問題》ですね。傍線部②がそのまま「結果」になっています。

若：「原因・理由」に当たる部分は本文にありそうかな？　**傍線部のルール❶傍線部を含む一文は丁寧に読む**だね。

ト：はい。これは傍線部②の直前にあります。

（ア）それをみたさむらいは、三五郎が自分からにげるためではなく、石をしらべるためだったのかとおもうと
（33行目）

若：「それ」という指示語は何を指すの？

ト：本文の言葉を使うと――かわらに美しいみどりがかった黒石をみつけたとき、それをしらべずにとおりすごすことはできなかったこと、でしょうか。

若：そうだろうね。すると、その指示語の内容も含めて「原因・理由」を考えてみようか。

ト：はい。〈三五郎は自分からにげるためではなく、石をしらべるためにかわらにおりたのだとおもったから〉（43字）ではどうですか。傍線部②とつないだ文で確認すると、

〈三五郎は自分からにげるためではなく、石をしらべるためにかわらにおりたのだとおもったから（原因・理由）、

ふと殺意をそがれてしまった（結果）。〉となり、因果関係は正しいように思います。

若：物語文だから「気持ち」も入れておこうか。傍線部②「ふと殺意をそがれてしまった」ときの「気持ち」は、次の（イ）から読み取れないかな？

（イ）あいてが、追われていることに気がついて、にげかくれしはじめると、やっとその気になるもんでごわす

（38〜39行目）

ト：う〜ん……つまり、逆ににげかくれしなかったから、〈気が抜けた〉という感じでしょうか？

若：〈気が抜けた〉というのはなかなか面白いね。よし、それでいこう。では最後に、問一と同様、物語文の《理由問題》は「原因・理由＋気持ち」で書く。これまでのところをまとめておくよ。

「原因・理由」＝三五郎は自分からにげるためではなく、石をしらべるためにかわらにおりたのだとおもったから

「気持ち」　＝気が抜けた

あとはこれらをもとに解答を整えればいい。（解答のルール①主語・述語・目的語のわかりやすい文にする）

【問二／解答例】　三五郎はにげるために河原におりたのではないと思うと、気が抜けたから。（34字）

【問三／解説】

ト：これは《気持ちの変化の問題》ですね。

若：「変化前の気持ちの理由＋変化前の気持ち＋変化後の気持ちの理由（変化のきっかけ）＋変化後の気持ち」で書く。
《気持ち問題》を二つ合わせた感じだ。これで二度目だね。

ト：まず、「変化後の気持ち」を読み取るのでした。

若：そう。「変化後の気持ち」は、傍線部③のときの「気持ち」（さむらいが「岩永三五郎どのをきるわけにゃまいりませぬわ」といったときの気持ち）だから、傍線部自体や傍線部の前後から読み取ればいいね。

ト：はい。では、傍線部③「岩永三五郎どのをきるわけにゃまいりませぬわ」から考えてみます。ここから読み取れるさむらいの「気持ち」は――〈きることをためらっている〉という感じでしょうか。

若：〈ためらっている〉というよりは、もう〈断念している〉に近いかもしれないね。

ト：ああ、そうか。――では、〈三五郎をきることを断念した〉とします。

若：ほかに傍線部付近から読み取れる「気持ち」はあるかな？

ト：え～と……次のあたりですか？

（ア）おはんは、わしにはようわからんが、えらいおかたにちがいない（46～47行目）

ここから読み取れる「気持ち」を短く表すと……〈敬意の念〉という感じだと思います。

若：傍線部③でさむらいが三五郎のことを「岩永三五郎どの」と呼んでいることからも〈敬意の念〉を感じるね。

ト：はい。では、「変化後の気持ち」としては〈三五郎をきることを断念した〉と〈敬意の念〉ですね。
次に「変化後の気持ちの理由（変化のきっかけ）」を考えます。これは、なぜさむらいが三五郎に〈敬意の念〉を抱

いたのかということですが、傍線部③のすぐ後に、

（イ）おはんは、わしに、いのちごいをしなさらん（47行目）

とありますから、ここから読み取れる「変化後の気持ちの理由（変化のきっかけ）」は、〈三五郎がいのちごいをしなかったから〉だと思います。

若：因果関係の確認をしようか。

ト：〈三五郎がいのちごいをしなかったから（理由）、敬意の念を抱いた（気持ち）〉です。正しいと思います。

若：よし。これは〈三五郎をきることを断念した〉の理由でもあるね。では次の手順。

ト：はい。次は「変化前の気持ち」ですが、これは「変化後の気持ち」である〈三五郎をきることを断念した〉の反対だから……〈三五郎をきろうとしていた〉というのでいいですか。

若：いいんじゃないかな。では、「変化前の気持ちの理由」はなんだろう。なぜ〈三五郎をきろうとしていた〉の？

ト：これは——次のところからわかると思います。

（ウ）殿《との》さまじきじきの命令でごわす。おいどんが役目にごわす（41行目）

つまり〈殿さまの命令で石工を殺す役目を負っていたから〉です。

若：〈殿さまの命令で石工を殺す役目を負っていたから（理由）、三五郎をきろうとしていた（気持ち）〉という因果関係も正しいね。では、ここまでをまとめてみるよ。

「変化前の気持ちの理由」・・・・殿さまの命令で石工を殺す役目を負っていたから
「変化前の気持ち」・・・・・・・・・三五郎をきろうとしていた
「変化後の気持ちの理由」・・・・三五郎がいのちごいをしなかったから
「変化後の気持ち」・・・・・・・・・敬意の念／三五郎をきることを断念した

ト：ではこれらを解答にしてみます。
〈殿さまの命令で石工を殺す役目を負っていたため、三五郎をきろうとしていたが、いのちごいをしない三五郎に敬意の念を抱き、きることを断念した。〉（68字）となります。
若：いいね。それだけ書けるようになれば大したもんだよ。
ト：ありがとうございます。《気持ちの変化の問題》も、これまで通り、しっかり手順を踏んでいけば書ける自信がついてきました！

【問三／解答例】　殿さまの命令で石工を殺す役目を負っていたため、三五郎をきろうとしていたが、いのちごいをしない三五郎に敬意の念を抱き、きることを断念した。（68字）

【練習問題11】次の文章を読み、設問に答えなさい。（二〇一七年　麻布中・改）

「アニキ」をリーダーとして「マル」とともに暮らしていた野生のシカの「おれ」（「サンカク」）は、冬の森の食べ物のとぼしさにたえられず、人里に食べ物を探しにいきます。人間に見つかってにげる途中、「アニキ」は車にひかれて命を落としてしまいますが、「おれ」は「マル」とともに必死ににげ続けます。その後、奈良公園というところでは、シカは害獣（人間にとってめいわくな生き物）どころか、天然記念物と呼ばれ、人間に大切にされていることをロバから聞いた「おれ」と「マル」は、シカと人間が仲良く暮らしていることが信じられず、自分の目で確かめに行こうと考えます。

出発するのがおくれたのは、マルがぐずぐずしていたせいだった。毎日出かける直前になって、「また雪が降りそうだよ」などと足を引っ張る。おれも、①ありったけの勇気を振りしぼらなければ、この山をはなれて行くことなんてできない。だから、マルにそう言われると、つい先延ばししてしまったのだった。それに、角が抜《ぬ》けたのも大きかった。去年の春からゆっくりのびてきた、一本の角が、抜けて地面に転がったのだ。

この一年、角を武器に戦ったことなど一度もなかったのだが、心を守る武器ではあったのかもしれない。失ってから、果てしなく心細くなった。いや、この森にいる限りは、みんな同じ条件だ。でも、ナラコウエンはどうだろう？　まったく気候が違って、あるいはそこに住むシカの種類が違って、角は抜け落ちないかもしれないではないか。その地へ入りこんで行くなんて、※①無謀《むぼう》すぎやしないか？

山を上って下って、また上って下って、を何回くり返したかよくわからなくなってきたところで、ついに山が近くに見当たらなくなった。青空の下に、大きな大きな林が広がっている。

そして、やつらは突然《とつぜん》現れた。何頭も。寝そべったり、歩き回ったり、シカたちはみんな勝手気ままだ。おれらと同じように角が抜け落ちていてよかった。だからか、さほど怖《こわ》さは感じない。

あんたら、どっから来た？　だれの許可を得た？　最初は絶対からまれるだろうとかくごしていた。けれどふしぎなことに、②やつらは、おれたちをまったく気にしていないみたいだった。ちら、と視線を投げかけて来ることすらしないんだ。

どうなってるんだ……。

ナラコウエンってどこですか？　という質問を、おれは必死にガマンした。もしかしてここもナラコウエンなのかもしれない、という気がしたから。だとすると、おれたちがよそから来たとバレてしまう。さらに林を進んでいくと、ちらほらと草が生えているのが見えてきた。

「食っても怒《おこ》られないかな？」そう言いながら振り返ると、マルは早くも、のびかけの葉っぱをぱくっとかんでいるところだった。ようし、おれも。あいつ食い過ぎじゃねーか、とまわりのシカににらまれない程度に、のびた葉の先端《せんたん》をついばむように。

「あと少し、歩こう。シカの数が増えてきたな」

「話しかけられたら、なんて言えばいいの？」

「うーん、田舎者《いなかもの》ってバレたくないな。じゃあ、あのあたりの木の下で休むか。作戦を練ってちょっと休んで、それから動こう」しかしおれたちは、作戦を練る間もなく、うつらうつらし始めてしまった。

「サンカク、サンカクってば」

マルに起こされたとき、不覚にも太陽はとっくにのぼっていた。

「ああ、ごめん」自分で思ったよりもつかれていたようだ。立ち上がって、ふるふるとみぶるいして、目を覚まそうとしていると、

「ねえ、ちょっと見に来てよ。ぼく、さっき散歩してすごいもの見ちゃったんだ」マルが先に立って歩き出す。

「なんだよ、すごいものって」

「仲間が人間にご飯をもらってるんだ」

「え！」目は一気にさえた。マルにくっついて、その現場まで急いだ。

あのぼーっとしたロバが言っていたことは本当だった。人間が、丸っこいものを手に持っている。それをシカが首をのばして受け取り、おじぎをしてから食べているではないか。そんな風景が一カ所だけではない。あちこちでくり広げられているのだ。おれは、ふらふらっと近寄った。マルがささやいてくる。

「やっぱり、あれ、ためしてみたいよねえ。きっと相当おいしいんだろうねえ」

「でも、決まりがあるのかもな」

「決まり？」

「このグループは、この人間から受け取る、みたいな決まりが」

「じゃあ、ぼくたちは？　どうやったら食べられるんだろうね」

「わかんねえ」

「わかんないの？　何が？　質問なら、ボクのわかる範囲《はんい》ならなんでもお答えするよ」

不意に、会話に割りこまれて、おれたちは同時にその声のほうへ鼻を向けた。

「やあ」オスのシカがいた。毛並みがよくて、おれたちよりも体重がある。鼻筋が通っていて、気品があった。だれかを警戒《けいかい》してビクビクしたことなど、一度もなさそうな態度だ。

おれひとりがビクビクしているのもくやしくて、なるべく普通《ふつう》にしゃべろうと心がけた。

「いや、この丸いのはおいしいのかな、と思って。実はあのへんの奥《おく》に住んでて、こっちまで出てこなかったから。今まで食べたことがないんだ」

不自然だっただろうか。しかし、相手は警戒する様子もなく、あっさりと納得《なっとく》してくれたようだった。

「ああ、林のほうに住んでたの？ 静かでいいよねえ。こっちはにぎやか過ぎてイヤだっていう仲間も多いよ。まあ、ボクは全然苦にならないんだけどね。自己紹介《しょうかい》してなかったね。ボクの名はフレンドリー」

　フレンドリー？ なじみのない発音だ。

「英語でね、親しみやすい、っていう意味なんだ」

「英語……？」とんでもないところに来てしまったような気がする……。よほど頭のいいやつでなければ、ここにはいられないのかもしれない。

「あ、ごめんごめん。それより、シカせんべいの味について聞きたかったんだよね？」

「シカせんべい？」

「そう。この丸くてうすっぺらいやつ。そう呼ばれてるんだ。人間は食わないの。ボクらだけのために作られてるんだよ。味はね、うーん、そうだなぁ。ぜいたく言わなきゃ、まあ、そこそこのおやつ。腹はふくれるしね。だから、冬は草を探しに歩きまわるより、もらったほうが手っ取り早いだろ？ それでみんな、ここでシカせんべいを買う人を待ってるわけなんだ」

「じゃ、※②新参者が入りこんじゃいけないね」

「ここには細かいしきたりなんてないよ。ただ、シカせんべいをもらうのには、ルールがあるから、それさえ知っておけばだいじょうぶ。やあ、久しぶり！」現れたよそのシカに、フレンドリーは明るくあいさつしている。知り合いが大勢いるらしい。朝日を受けて、茶色い目は明るくおどっている。③それがおれにはまぶしすぎた。とりあえず、いったんどっかへ行って、出直そうか。マルにそう話しかけようかと思ったが、

「ルール、教えてくれる？」マルは、目をきらきらさせながら聞いている。

「うん、ここナラコウエンは有名なところでね。遠くから遊びに来た人間は、シカと仲良くしたくて、シカせんべいを買う

んだ。あちこちで、ほら、売ってるだろ？　でも、積んである束を食べちゃだめ。まして売ってる人をおそったりしたら、論外。せんべいを買った人間だけから、もらうんだよ」

「わかった」

「あと、せんべいを持ったまま、もったいぶってなかなかくれない人間がいても、怒っちゃだめだよ。ちょっと鼻でつつくくらいはいいけどね。もらった後、ありがと、っておじぎをすると喜ばれるよ」

「喜ばせたほうがいいの？」

「もう一包み、せんべいを買おうと思うかもしれないだろ？」

「ようし、やってみる。ね、サンカクもやるよね」

④「あ……ああ」おれはあいまいに答えて、立ちつくしていた。マルはフレンドリーにくっついて、ずんずん進んでいく。さわいでいる人間のもとへ、さっそく二頭は行って、食べる前からおじぎしている。

せんべいの味を知りたい。でも、もっと知りたいことがあった。なんでこうも違うんだろう。ここだけは、なぜ。マルがせんべいをくわえたままもどってきた。それをおれの足元に置く。

「一枚、もってきたよ～」

「おう、ありがとう」おれは土の上に置かれたそれを、ふんふんとかいだ。悪いにおいはしない。いいにおいもしない。かじってみると、それはパリ、と音を立てて割れた。

「うまいのか、まずいのかわかんない」

「米ぬかと小麦粉、っていうのを使って人間が作ってるんだって～」

「フレンドリーがそう言ってたのか」

「うん、ほんと何でも知ってるよね、かれ。ぼくとサンカクのグループに入ってくれないかな？　ボスになってもらうってどう？」と声をはずませている。おれが返事をしないことに気づいて、マルは話題を変えた。

「でもさ、これがあれば、冬だって食べ物がなくて死ぬ心配はもうないんだね」

「ああ」故郷には、まだ雪は積もっているだろうか。飢《う》え死にした仲間がいないことを願う。

「ねえ、駅のほうまで行ってみない？　フレンドリーが案内してくれるって」

「駅？」

「人間がたくさんいるとこだよ。そこでまずシカせんべいを買う人間が多いから、一番たくさんありつけるって」

「そんなに腹、減ってないから」

「じゃあ、後でまた待ち合わせしようよ。けさ寝てた木の下でいいかな？」

「いいよ」

「じゃあねっ」マルは小走りに、フレンドリーのところへ寄って行き、

「走っちゃダメだよ。人の多いところではさ」とたしなめられて、「えへへー、ごめん」と笑っている。

なんでおれは、はしゃげないんだろう。こんなにつかれてるんだろう。風の運んでくるにおいが、山のなかとは全然違う。こうばしいような、こげついたような。食欲をそそるような、なくすような。ぼんやりしているうち、いつの間にかおれは小さい人間に囲まれていた。背中に手を置かれる。なでられる。つねられる。「カーイイ」と、こいつらはしきりに言っているけれど、フレンドリーが訳してくれなきゃ意味なんてわからない。

おれは石。おれは河原のでっかい石。そう念じて、ひたすら固まった。きっとじきに慣れるさ。たくさんの人間にも、ルールにも。だって、母さんからはなれた後も、しばらくは不安で仕方なかったのに、あの後すっかり森に慣れたじゃないか。新しい環境《かんきょう》に体がついていくのに、マルより時間がかかるだけなんだ。

おれは固まったまま、ため息をひとつついて、目を閉じた。

予想したとおりだった。⑤おれは慣れた。ほぼかんぺきに慣れた。春が過ぎ、夏になると、どこも草だらけになって、

食べるのがいそがしくなった。それでも、一日一時間くらいはマルとフレンドリーに付き合って、シカせんべいをもらっておじぎするボランティアをやっていた。冬の間はそこそこありがたかったシカせんべいも、この時期になるとみりょくはない。香《かお》りが足りないんだと思う。若草を食べるときは、ふわっと命の香りがただようんだけど、それが、せんべいにはまったくないんだ。それでも、人間との暗黙《あんもく》の年間契約《けいやく》だから、とフレンドリーは言う。春も夏も秋も、せんべいをちゃんといただくから、冬ももらえるんだ、と。もっとも、せんべいをまったく食べずに芝生《しばふ》ばかり食べていても、それはそれでいいみたいだ。人間は、草がぼうぼう生えている状態を好まないらしい。シカが片っぱしから食べることで、整備する手間が省けるって喜んでいるのだそうだ。

　フレンドリーがあちこち引き合わせてくれるおかげで知り合いも増えて、このナラコウエンについての知識も増えてきた。⑥ここらに住んでいるシカは、あのロバが言った通り、天然記念物と呼ばれていて、野生のシカと種類は変わらないのに、大切にされている。大昔、「神様」っていう、人間のボスみたいなのをシカが運んできたとの言い伝えがあって、他の生き物とは違うえらい動物なんだ、とあがめられるようになったらしい。本当にそうなのかはなぞだ。⑦少なくとも、シカの間では、そんな言い伝えはない。

　秋が近づくと、のんびりしたふんいきが変わってきた。オス同士、こぜり合いがちょくちょく起きて、角と角をつき合わせてるやつらも現れた。おれとマルの角は、二股《ふたまた》に分かれ、去年よりは迫力《はくりょく》が出てきた。でも、せんぱいたちに比べるとまだまだで、結局、メスの集団にはまったく近づけなかった。フレンドリーですらダメだったのだから、仕方ない。でっかい角のオッサンたちが、独占《どくせん》していた。あと二年、三年くらいして、おれたち自身がオッサンになるのを待つしかないようだ。

　故郷に残っていたら、チャンスはあっただろうか。あったかもしれない。たぶん、ナラコウエンのシカたちよりも、寿命《じゅみょう》が短くて、だから若いやつにもチャンスがあるんだ。でも……そのくらいはしんぼうしよう。だって、飢え死にする心配がないというのは、やっぱり大きいから。がまんできる。ここでの生活をそれなりに楽しめる。そう思っていた。あの日が来るまでは。

林の入り口でねむっていたおれのもとに、フレンドリーとマルがかけてきた。めずらしいことだ。二頭はいつだって、にぎやかなところにいるのが好きなはずなのに。

「サンカク、大変だよ～」マルの目が情けないほど細くなっている。

「何が」おれは、やわらかい草のじゅうたんの感触《かんしょく》をもう少し味わっていたくて、寝そべりながらたずねた。

「まあ、毎年のことなんだがな。一年で一番めんどうくさい時期が来ちゃったってこと。でも、人間との契約だから仕方ないんだよ」フレンドリーがいつになく早口で、はき捨てるように言う。

「なんの話？」ようやくおれは起き上がった。そして、遠くからドドドドという音やら人間のでかい声やらが聞こえてくることに気づいた。ドドドドはきっと太鼓《たいこ》だ。夏にも聞いた覚えがある。

「角切りだよ。何頭か仲間がつかまった」

「なに、角切りって」

「ボクたちの角、のび切ってるだろ？　人間を刺《さ》すと危ないからさ。秋になるといつも、人間は角を切るんだ。それを祭りにしてる」

「祭り？」

「たくさんの人間が見物に来るんだ。あれ、ほんとに怖いんだ。去年、運悪くつかまってさ。最初はボクたちを囲いの中で走らせる。そのうち、角に長いなわを巻きつけて、つかまえて、ごりごりと刃物《はもの》で角をそぎ落とすんだ」

「なんてひどいことを」

「祭りで、たくさんの人間に囲まれて角を切られるのは今日と明日とあさってだけさ。にげきるのは難しくない。でも、他のシカたちもみんな、後で麻酔《ますい》をかけられるんだ」

「麻酔って?」

「チクッとしたら、すぐねむくなって、寝ちゃうんだ。で、目が覚めたら角がない」

「そんな、横暴な……」

「毎年そうなんだ」

「角をうばわれるなんて、オスとしてこんなにはずかしいことはないじゃないかっ」

おれの勢いに、マルが目をぱしぱし瞬《しばた》かせてとまどっている。フレンドリーはたんたんと答えた。

「そりゃ、サンカク一頭が切られたら、みっともないよ。でも、角を持ってるオスは全員切られるんだ。みんなで切られたら、そっちが普通になるんだよ。やられないのは、メスだけさ。角がもともとないからね」

「フレンドリーはそれでいいのかよ? 角がなくなるなんて……」

おれたちがここへ来たのは、冬の終わりかけだ。野生のシカはみんな、角が抜けて生え替《か》わるときだった。だから、ナラコウエンのシカももちろんそうなんだと思っていた。もっともっと前に、人間に切られてたなんて、想像もしなかった。

「⑧本当ならありえないんだろうね。でも、初めて角が生えたときから、毎年だからなぁ。慣れちゃった。切られた後は頭が軽くて楽になるし。それに、大事なルールなんだ。ここで生活するための。もし角で人間を傷つけちゃったら、収容所行きだからね」

収容所。病気やケガのシカ、人間が作った草を食ってめいわくをかけるシカ、そいつらが入れられる場所なんだと聞いた。そう、⑨神様の動物にも、例外の害獣はいるってことだ。

「どう思うんだ、マルは。切られること」

「そりゃイヤだよ」マルは落ち着きなく、かりかりと前足で地面をかいた。

「でも、仕方ないよね。チクッとするの、怖いんだけど、ねむってる間に切られるなら痛くないんだろうし。だったら、平気だよね」

「痛いからイヤだとか、痛くないから平気だとか、そんな話をしてるんじゃないんだよ！」おれがどなると、マルは答えず、地面をはっていく小さな虫を見つめていた。フレンドリーは芝生をはむはむ食べ始めた。

アニキならどう言うだろう。人間をあなどるなよ。人間の作るルールは想像以上に厳しいんだ。それに従えるか？　森の奥で気ままに育ってきたこのオレたちが。そんな声が聞こえる気がする。

おれは立ち上がった。

「行くよ」

「え、どこへ？」

そうたずねるマルの顔を見つめた。二股に分かれた角は、しもぶくれの顔には似合わずいかめしい。同じ形の角が、おれの頭にも乗っている。自分では見えないけれど。

「元いたところへ」

「え、あの森へ？　あんな遠くまで？」

「いや、そこまでは行かないかもしれない。途中のどこか落ち着ける森で、生活するよ」

フレンドリーがため息をついた。

「そうか、君ら、そんな遠くから来たんだね。⑩ボク、そういう世界も見てみたいなぁ。でも無理。ナラコウエンに守られてるって自分でもわかってる」

わあぁ、と遠くで人間の叫《さけ》び声と手をたたく音が聞こえてきた。フレンドリーがおれとマルを交互《こうご》に見た。

「マルも行くの？」

ググ、と口元から変な音を出して、マルはうつむいた。

「行かないよ」と、おれが代わりに答えてやった。

「マルは、フレンドリーのそばにいるのが合ってるんだ」

「ずっと、いっしょに生きてきたのに……サンカク」声をしぼりだすように、マルが言う。聞いていると泣きそうになって、⑪おれは耳をすまして、太鼓の音を聞いた。どうしてもたえられない、と自らを奮い立たせる。

「すぐそこらの山に住むかもしれない」おれが言うと、マルはうなずいた。

「そうだね！ 冬の寒い時期だけもどってくるといいよ。そしたら、意外とすぐにまた会えるね。ね、ね？」

「そうだな。おれの角が抜け落ちた後なら、区別つかなくなる。そのころ、君らの顔を見に来るのもいいな」

「いいね！ シカせんべい、いっしょに食べよう。約束だよ」

「ああ」おれは立ち上がった。芝生におれの黒い影《かげ》がうつる。長い角を振り上げた。影も動いた。

「また、近いうちに。じゃあ」

「じゃあ」

二度と会うことはないだろう。マルだってフレンドリーだって、心の底ではわかってるはずだ。天然記念物と害獣。分かれ道は、あまりにはっきりと方角が違って、行ったり来たりなんてできない。

おれは今日から、害獣に帰るんだ。

（『ロバのサイン会』〈吉野万理子・光文社〉より）

※① 無謀…行動するときに後先を考えないこと

※② 新参者…新しく入って来た者

問一 ――線部①「ありったけの勇気を振りしぼらなければ、この山をはなれて行くことなんてできない」とありますが、「おれ」がこのように思うのはなぜですか。（40字～60字程度）

問二　――線部②「やつらは、おれたちをまったく気にしていないみたいだった」とありますが、「やつら」が「おれたちをまったく気にしていない」のはなぜですか。12〜72行目をよく読んで、説明しなさい。（40字〜60字程度）

問三　――線部③「それがおれにはまぶしすぎた」とありますが、「おれ」が「フレンドリー」を「まぶしすぎ」ると感じるのはなぜですか。説明しなさい。（40字〜60字程度）

問四　――線部④「『あ……ああ』おれは〜ずんずん進んでいく」とありますが、この部分から「おれ」と「マル」とのどのような違いがわかりますか。説明しなさい。（40字〜60字程度）

問五　――線部⑤「おれは慣れた。ほぼかんぺきに慣れた」とありますが、「おれ」はどのような生活に「ほぼかんぺきに慣れた」のですか。110〜131行目をよく読んで、説明しなさい。（40字〜60字程度）

問六　――線部⑧「本当なら〜慣れちゃった」、――線部⑩「ボク、そういう世界も〜わかってる」とありますが、これらの部分からは、「フレンドリー」がどのような思いをいだきながら「ナラコウエン」で暮らしていたことがわかりますか。説明しなさい。（60字〜90字程度）

問七　――線部⑥「ここらに住んでいるシカは〜大切にされている」、――線部⑦「少なくとも、シカの間では、そんな言い伝えはない」、――線部⑨「神様の動物にも、例外の害獣はいるってことだ」とありますが、これらの部分からは、「おれ」の「人間」に対するどのような思いが読み取れますか。説明しなさい。（40字〜60字程度）

問八　――線部⑪「おれは耳をすまして、太鼓の音を聞いた」とありますが、「太鼓の音」を「おれ」が「耳をすまして」聞いたのはなぜですか。説明しなさい。（60字～90字程度）

【問一／解説】

若：いよいよ物語文の仕上げだね。
ト：かなり長い本文ですね。
若：しかし内容は面白いしね、やりがいがある。しかも、いままでやった多くのパターンが登場するから、いい復習になると思うよ。もちろん、これまでやってきた通りにやればいいんだ。大丈夫、大丈夫。
ト：自信ないなあ。
若：さて、トモヤ君、問一はどんな問題かな？
ト：《理由問題》です。しかも物語文だから、「気持ち」も入れて、「原因・理由＋気持ち」で書きます。
若：よし、ではいってみよう。
ト：傍線部①が「結果」ですから、その「原因・理由」を本文から探すと、次のあたりになると思います。

（ア）角が抜けたのも大きかった。（3行目）
（イ）この一年、角を武器に戦ったことなど一度もなかったのだが、心を守る武器ではあったのかもしれない。（5行目）
（ウ）失ってから、果てしなく心細くなった。（5～6行目）
（エ）まったく気候が違って、あるいはそこ（＝ナラコウエン）に住むシカの種類が違って、角は抜け落ちないか

もしれないではないか。（6～7行目）

（オ）その地へ入りこんで行くなんて、無謀すぎやしないか?（7～8行目）

（ア）～（ウ）より、「原因・理由」は〈心を守る武器だった角が抜けたから〉（16字）と考えられます。傍線部①とつなぐと、〈心を守る武器だった角が抜けたから（原因・理由）、ありったけの勇気を振りしぼらなければ、この山をはなれて行くことなんてできない。（結果）〉となり、因果関係は正しいです。そしてこの部分から読み取れる「気持ち」は、（ウ）よりそのまま〈果てしなく心細くなった〉（11字）が使えそうです。

若：指定字数が40字～60字ということも考えると、解答の要素はもう少し欲しいね。**解答の要素はなるべく多く見つけて、解答としてまとめる際に圧縮する感じで整えるのがいい。**

ト：はい。すると、もうひとつの「原因・理由」としては、（エ）から〈ナラコウエンのシカは角が抜け落ちないかもしれないから〉（26字）が考えられそうです。これも因果関係を確認すると、〈ナラコウエンのシカは角が抜け落ちないかもしれないから（原因・理由）、ありったけの勇気を振りしぼらなければ、この山をはなれて行くことなんてできない。（結果）〉となり、正しいと思います。また、このときの「気持ち」は、（オ）にある通り〈無謀すぎやしないか〉（9字）です。

若：それで十分だね。では、トモヤ君が読み取った部分をなるべく忠実につなぐと、

〈心を守る武器だった角が抜けたから果てしなく心細くなり、ナラコウエンのシカは角が抜け落ちないかもしれないから無謀すぎやしないかと思った。〉（67字）となる。これをもとに、字数に合うように削ると、たとえば次のような解答例ができる。

【問一／解答例】 心を守る武器だった角が抜けて心細い上に、角が抜け落ちないシカがいるかもしれないナラコウエンに行くのは無謀に思えたから。（59字）

【問二／解説】

若：これも《理由問題》。まずは念のため、**傍線部のルール❸ 傍線部内の指示語・比喩・わかりにくい表現は具体化して言いかえる**より、「やつら」「おれたち」とは何を指すのかを確認しておこう。

ト：「やつら」はナラコウエンのシカたち、「おれたち」はマルとサンカク（おれ）のことですよね。

若：そう。「おれたち」については64行目に「新参者」ともあるね。つまりこの問題は、ナラコウエンのシカたちはなぜ新参者であるマルとサンカクをまったく気にしていないみたいなのか、ということだ。設問文には親切にも「12〜72行目をよく読んで」とあるから、12行目付近、または72行目直前に解答の根拠があるのではないか、とも考えられるね。もちろん必ずあるとは限らないけれど、わざわざ範囲を指定しているということは、一応疑ってみる価値はある。

ト：なるほど、それは思いつきませんでした。――そうすると、「原因・理由」の根拠となりそうなところで、まず見つけたのは次のところです。

（ア） おれらと同じように角が抜け落ちていて（12〜13行目）

ナラコウエンのシカも同じように角が抜け落ちていたので、見分けがつかなかったのです。ここから、「原因・理由」

として、〈ナラコウエンのシカもおれたちと同じく角が抜け落ちていたので見分けがつかなかったから〉が考えられます。

ト：あ、72行目の前あたりにもこんなところがありました。

若：ほかにはどうだろう？

（イ）みんな、ここでシカせんべいを買う人を待ってるわけなんだ（62行目）

（ウ）ここには細かいしきたりなんてないよ（65行目）

（イ）から読み取れる「原因・理由」としては、〈ナラコウエンのシカたちはシカせんべいを買う人を待っているから〉、（ウ）からは、〈ナラコウエンには細かいしきたりはないから〉。

若：（ウ）の「細かいしきたり」というのはいまいち伝わりづらいね。**（解答のルール②　指示語・比喩・わかりにくい表現は具体化して言いかえる）**

ト：「ここには細かいしきたりなんてないよ」（65行目）というのは、直前の「じゃ、新参者が入りこんじゃいけないね」（64行目）に対する答えだから……「細かいしきたり」とは「新参者が従うべき細かいしきたり」ということだと思います。

若：なるほど。それなら伝わるね。

ト：では因果関係を確認してみます。

〈**ナラコウエンのシカもおれたちと同じく角が抜け落ちていたので見分けがつかなかったから（原因・理由）**、やつらは、おれたちをまったく気にしていないみたいだった（結果）〉

〈**ナラコウエンのシカたちはシカせんべいを買う人を待っているから**（原因・理由）、やつらは、おれたちをまったく気にしていないみたいだった（結果）〉

〈**ナラコウエンには新参者が従うべき細かいしきたりはないから**（原因・理由）、やつらは、おれたちをまったく気にしていないみたいだった（結果）〉

若：よさそうだね。ただ、これを指定の字数内に収めるのは結構難しい。解答のルール① 主語・述語・目的語のわかりやすい文にするに気をつけながら、たとえば「ナラコウエンのシカたち」は長いので、カッコつきで「やつら」としよう。また、解答例（2）のように、多少言いかえてもいいでしょう。

【問二／解答例】

（1）角が抜けて互いに見分けがつかず、新参者が従うべきしきたりがない上、「やつら」はシカせんべいを買う人を待っていたから。（58字）

（2）角が抜けて互いに見分けがつかず、新参者が従うべきしきたりがない上、「やつら」の関心は専ら人間に向けられているから。（57字）

…………………………………………

【問三／解説】

ト：これも《理由問題》ですね。「おれはフレンドリーをまぶしすぎると感じる」が「結果」です。

若：これはまず、傍線部③を正しく理解しなければいけない。傍線部のルール❷ 傍線部はいくつかの部分に分けて考えるを使うと、傍線部③は次のように分けられる。

（1）それが／（2）おれには／（3）まぶしすぎた

（2）の「おれには」は問題ないのでそのままにして、まずは（1）の「それ」は指示語なので言いかえよう。（**傍線部のルール❸傍線部内の指示語・比喩・わかりにくい表現は具体化して言いかえる**）

ト：「それ」は直前の「朝日を受けて、茶色い目は明るくおどっている」（67行目）から読み取ると、〈朝日を受けて明るくおどっているフレンドリーの茶色い目〉のことだと思います。

若：もしそうだとすると（3）の「まぶしすぎた」は、実際にフレンドリーの目が輝いてまぶしく見えたということになるね。

ト：……え、違うんですか？

若：トモヤ君、ここは一種の比喩表現なんじゃないかな？　つまり、（3）の「まぶしすぎた」というのは、〈フレンドリーが自分と比べて素晴らしすぎた〉とか、そういう意味でしょう。だから（1）の「それ」というのは、〈フレンドリーが「よそのシカ」に明るくあいさつしている様子〉のことを指しているんだね。（**傍線部のルール❸傍線部内の指示語・比喩・わかりにくい表現は具体化して言いかえる**）

　それが／おれには／まぶしすぎた

↓

フレンドリーが「よそのシカ」に明るくあいさつしている様子が／おれには／自分と比べて素晴らしすぎた

ト：そうか……そう言われれば、そうですね。するとこの問題は、「おれ」が「フレンドリーの様子」を「自分と比べて素晴らしすぎた」と感じた「原因・理由」を答えればいいということですね。

若：それは本文のどのあたりから読み取れる？

ト：次のあたりだと思います。

（ア）毛並みがよくて、おれたちよりも体重がある（46行目）

（イ）鼻筋が通っていて、気品があった（46行目）

（ウ）だれかを警戒してビクビクしたことなど、一度もなさそうな態度だ（46〜47行目）

これらをまとめると、〈毛並みがよく、鼻筋が通って気品があり、だれかを警戒してビクビクしたことなど一度もなさそうだから〉（47字）となります。因果関係を確かめると、〈毛並みがよく、鼻筋が通って気品があり、だれかを警戒してビクビクしたことなど一度もなさそうだから（原因・理由）、おれはフレンドリーをまぶしすぎると感じる（結果）〉。

若：このときの「おれ」の「気持ち」も入れようか。

ト：相手が自分と比べて素晴らしすぎるというわけだから……〈劣等感〉とか？

若：いいね！　それでいこう。「原因・理由＋気持ち」で書くと、たとえば次の解答例のようになるね。

【問三／解答例】　毛並みがよく、鼻筋が通って気品があり、だれかを警戒したことなど一度もなさそうなフレンドリーに劣等感を覚えたから。（56字）

【問四／解説】

若：この問題のパターンは？

ト：これは「おれ」と「マル」の違いを説明するので……《まとめ問題》ですね。

若：そうだ。《まとめ問題》は久しぶりだね。覚えているかな？

ト：え～と、あれ？……忘れてしまいました。

若：ではもう一度覚えよう。**《まとめ問題》は、説明すべき部分を本文中から見つけ（具体例ではなく、具体例をまとめた部分から探す）、それらをまとめればいい**。今回は《まとめ問題》の中でも「違いをまとめる問題」だから、「おれ」と「マル」の違いが書かれているところを探して、それらをまとめればいいね。また「AとBの違いを説明しなさい」という問題の場合、書き方の「型」としては「Aは～だが、Bは～だ。」または「Aは～だ。それに対して、Bは～だ。」とするのがわかりやすい。

ト：そうでした。思い出しました！

若：それから、設問文には「この部分（＝傍線部④）から『おれ』と『マル』とのどのような違いがわかりますか」とあるので、まずは傍線部④に注目して「おれ」と「マル」の違いを考えてみよう。

ト：はい。傍線部④からわかる「おれ」と「マル」の違いです。

おれ

（ア）おれはあいまいに答えて、立ちつくしていた↓〈戸惑っている〉

マル

（イ）フレンドリーにくっついて、ずんずん進んで行く↓〈興味を持っている〉

若：傍線部自体から読み取れるのはそのあたりだね。ただ、指定字数を考えると、それだけでは解答として足りない。**解答の要素は多めに見つけておくのがコツだったね。**すると傍線部④以外で、「おれ」と「マル」の違いが読み取れるところはないかな。

ト：……あ、ここなんかどうですか？

（ウ）新しい環境に体がついていくのに、マルより時間がかかるだけなんだ（107行目）

若：そこだね。（ウ）は「おれ」が自分について言っている部分だけれど、ここから「おれ」について、〈新しい環境に体がなかなかついていかない〉ということがわかるね。

さてここで一つ、「違いをまとめる問題」の解答の書き方で注意したいことがある。たとえば**「AとBの違いを説明しなさい」という問題の場合、AとBの説明要素を対比させて書くのがいい。**イメージとしては、次のような感じになる。

Aは〇〇で△△である。それに対して、
⇔　⇔
Bは●●●で▲▲▲である。

例文で表してみると、次のような感じだね。

カメはのろまだが、あきらめずに努力した。それに対して、

⇔　⇔

ウサギは足が速いが、油断して怠けていた。

ト：そうか。対比させると、違いがわかりやすいですね。

若：それにね、**説明要素を対比させることで、解答を考える際のヒントにもなるんだよ。**

ト：え、……どういうことですか？

若：いいかい。ここまでの「おれ」と「マル」を対比させてみるよ。

「おれ」…新しい環境に体がなかなかついていかない／戸惑っている

⇔　⇔

「マル」…［　　　　］／興味を持っている

ト：あ、そういうことか！

若：そう。そういうことだね。

ト：つまり、［　　　　］に入るのは、〈新しい環境に体がなかなかついていかない〉と対になるようなことだから――〈新しい環境にすぐに順応した〉というのはどうですか？

若：〈順応〉なんてよく知っていたね。うん、それがぴったりだ。

ト：では、解答としてまとめてみます。

〈「おれ」は新しい環境に体がついていかず戸惑っているが、「マル」は新しい環境にすぐに順応し、興味を持っている。〉(54字)

若：よし。これで《まとめ問題》の書き方は大丈夫になったかな。

【問四／解答例】

「おれ」は新しい環境に体がついていかず戸惑っているが、「マル」は新しい環境にすぐに順応し、興味を持っている。(54字)

【問五／解説】

若：この問題のパターンは何だろう？

ト：これは「おれ」が「ほぼかんぺきに慣れた」という生活がどのようなものかを説明するわけですから――《言いかえ問題》か《まとめ問題》だとは思うのですが。

若：《言いかえ問題》というのは傍線部を別のわかりやすい言葉で表す問題でしょう。これはそれがどのような生活なのかを本文から見つけて、それらをまとめればいいから、《まとめ問題》だ。どのような生活か、という点についてまとめる「内容をまとめる問題」だね。

ト：あ、アンパンマンの「本当の正義」の問題のタイプですね。

若：その通り！

ト：説明すべき部分を本文中から見つけ、それらをまとめればいいのですね。ここでは「おれ」が「ほぼかんぺきに慣れた」という生活を見つければいいと。

若：もちろんここでまとめるべき生活とは、ナラコウエンでの生活のことだ。だから「おれ」にとって、ナラコウエンでの生活とはどんな生活だったのかを読み取っていく。

ト：あまり楽しそうな生活ではないですね。すぐ見つかるのが、

（ア）飢え死にする心配がない（129〜130行目）

というところ。ここから〈飢え死にする心配のない生活〉（13字）ということが読み取れます。

若：そこは必ず使いたいね。ただそれだけだと字数に足りない。設問に「110〜131行目をよく読んで、説明しなさい。」とあるけれど、ここにはナラコウエンでの生活について大きく二つのことが書かれているね。シカせんべいのことと、メスを手に入れるチャンスのこと。この二つについてまとめてみようか。

ト：はい。シカせんべいについては、このあたりでしょうか。

（イ）シカせんべいをもらっておじぎするボランティアをやっていた（111〜112行目）

（ウ）人間との暗黙の年間契約（114行目）

これらから読み取れるのは、〈人間との暗黙の年間契約を守り、シカせんべいをもらっておじぎするボランティアをする生活〉（42字）ですが――

若：間違ってはいないけど、それでは長すぎるね。ここはぐっと縮めようか。

ト：では思い切り縮めて……〈仕方なく人間のルールに従う生活〉（15字）なんてどうですか。

若：おお、随分よくなった。**本文を使って解答を作るのが基本だけれど、長すぎるときはこうやって要点だけに絞っ**

て縮めることも必要だね。では次。メスを手に入れるチャンスについてはどうだろう。

ト：はい。このあたりだと思います。

（エ）そのくらいはしんぼうしよう（129行目）

（オ）がまんできる（130行目）

若：（エ）の「そのくらい」とはどういうこと？（**解答のルール② 指示語・比喩・わかりにくい表現は具体化して言いかえる**）

ト：これは、「メスを手に入れられないこと」を指していると思います。だから（エ）は「メスを手に入れられないことくらいはしんぼうしよう」ということです。

若：（エ）と（オ）から読み取れるのはどんな生活だろうね。

ト：――〈メスを手に入れるのをがまんしなければならない生活〉（24字）ですか？

若：よし。では、ここまで考えた三点をまとめてみよう。

〈飢え死にする心配のない生活〉（13字）

〈仕方なく人間のルールに従う生活〉（15字）

〈メスを手に入れるのをがまんしなければならない生活〉（24字）

トモヤ君。これらを解答として整えてみるとどうなる？

ト：はい、やってみます。――これでどうですか。

〈飢え死にする心配はないが、仕方なく人間のルールに従い、メスを手に入れるのにもがまんしなければならない生活。〉（53字）

若：うん、わかりやすい解答になった。これなら《まとめ問題》の「内容をまとめる問題」も大丈夫そうだ。

【問五／解答例】　飢え死にする心配はないが、仕方なく人間のルールに従い、メスを手に入れるのにもがまんしなければならない生活。（53字）

……………………………………

【問六／解説】

ト：これは《気持ち問題》ですね。

若：そう。とはいえ、少し違うんだな。

ト：え、どういうところがですか？

若：それはやりながら確認していこう。まずこの問題は、傍線部を正しく理解しなければならない。設問では、傍線部から読み取れるフレンドリーの思いを聞かれているからね。

まずは **傍線部のルール❷　傍線部はいくつかの部分に分けて考える** から、傍線部⑧を次のように分けてみる。

（1）本当なら／（2）ありえないんだろうね。／（3）でも、初めて角が生えたときから、／（4）毎年だからなぁ。／（5）慣れちゃった。

次に**傍線部のルール❺傍線部内に省略された主語・述語・目的語を補う**から、

（2）ありえないんだろうね↓何がありえないのかを補う

（4）毎年だからなぁ↓何が毎年なのかを補う

（5）慣れちゃった↓何に慣れたのかを補う

というように考えると、傍線部⑧はこんなふうに理解できる。

（1）本当なら／（2）**人間に角を切られるなんて**ありえないんだろうね。／（3）でも、初めて角が生えたときから、／（4）**人間に角を切られるのは**毎年だからなぁ。／（5）**人間に角を切られるのには**慣れちゃった。

トモヤ君、ここからフレンドリーのどんな「気持ち」が読み取れる?

ト：「ありえない」と思いつつも「慣れちゃった」と言っているから……〈あきらめ〉でしょうか。

若：そう。〈あきらめ〉は的確だと思うね。で、もう少し詳しく言うと、どんなことへの〈あきらめ〉だろうね。

ト：〈角を切られることへのあきらめ〉ですよね。

若：そうだね。ただ、傍線部⑧だけを見ると〈角を切られることへのあきらめ〉なんだけど、後で扱う傍線部⑩をはじめとして、フレンドリーは他にもいろいろとあきらめているでしょう。

ト：ええと……〈人間のルールから逃れることへのあきらめ〉ですか?

若：そうだ! それはぴったりだね。

では、その理由は? なぜフレンドリーはあきらめているんだろう。

ト：傍線部⑧の言葉を使えば、〈初めて角が生えたときから毎年人間に角を切られているから〉だと思います。

若：そうだろうね。ナラコウエンではそれが当たり前で、「人間との契約だから仕方ない」（137～138行目）と思っているんだ。それから傍線部⑧の直後に「それに、大事なルールなんだ。ここで生活するための」（163行目）ともあるね。このあたりも理由になりそうじゃないかな？

ト：確かに、そうですね。「ここ」というのはナラコウエンのことだから――〈角を切るのはナラコウエンで生活するための大事なルールだから〉というのも考えられますね。

若：〈人間のルールから逃れることへのあきらめ〉の「理由」として、いまの二つはどちらも間違っていないと思う。ただ、できれば角切りに限定せずに「理由」をまとめられるといいね。また、指定字数を考えると、ここはもう少し短くしておきたい。いまの二つの理由の要点を絞って、もう少し短くまとめられないかな。

ト：はい。では、角切りに限定せずにまとめてみます。

〈初めて角が生えたときから毎年人間に角を切られているから〉
〈角を切るのはナラコウエンで生活するための大事なルールだから〉
↓
〈ナラコウエンで生活するには人間のルールに従わねばならないから〉（30字）

はどうですか。因果関係を確かめても、〈ナラコウエンで生活するには人間のルールに従わねばならないから（理由）、人間のルールから逃れることにあきらめている（気持ち）〉となり、正しいと思います。

若：いいでしょう。では、傍線部⑩「ボク、そういう世界も見てみたいなぁ。でも無理。ナラコウエンに守られてるって自分でもわかってる」も同様に考えてみるよ。**傍線部のルール❷傍線部はいくつかの部分に分けて考える**より、まず分ける。

（1）ボク、／（2）そういう世界も／（3）見てみたいなぁ。／（4）でも無理。／（5）ナラコウエンに守られてるって／（6）自分でもわかってる

（2）の「そういう世界」は指示語で、（5）の「ナラコウエンに守られてる」は一種の比喩表現だから、それぞれ言いかえる。（**傍線部のルール❸ 傍線部内の指示語・比喩・わかりにくい表現は具体化して言いかえる**）――どうだろう、トモヤ君。

ト：はい、やってみます。

（2）そういう世界↓「元いたところ」（180行目）、「あの森」（181行目）↓〈野生のシカとして生きる世界〉

（5）ナラコウエンに守られている↓〈天然記念物として人間に大切にされて生きている〉（119行目より）

だから傍線部⑩は、次のように読めます。

（1）ボク、／（2）**野生のシカとして生きる世界**も／（3）見てみたいなぁ。／（4）でも無理。／（5）**天然記念物として人間に大切にされて生きている**って／（6）自分でもわかってる

若：いいね！ では、ここから読み取れる「気持ち」は？

ト：（3）の「見てみたいなぁ」から読み取れる「気持ち」は――〈あこがれ〉なんてどうでしょうか。詳しく言えば〈野生のシカとして生きる世界へのあこがれ〉です。「理由」は〈天然記念物として人間に大切にされて生きてきたから〉。あれ？ （4）に「でも無理」とあるので、同時に〈あきらめ〉の「気持ち」もありますね。これは傍線部⑧の〈人

間のルールから逃れることへのあきらめ〉と同じだと言えると思うのですが……。

若：そうだね、トモヤ君。フレンドリーは〈野生のシカとして生きる世界へのあこがれ〉を抱いている一方で〈人間のルールから逃れることへのあきらめ〉も感じている。つまり、二つの相反する「気持ち」がせめぎ合っているんだね。こういうのを「心の葛藤」なんて言ったりする。覚えているかな？　これは《気持ちの葛藤の問題》のパターンだ。

ト：あ、王様が王子を助けるのを「ぐっと我慢した」やつでしたっけ？

若：その通り。**《気持ちの葛藤の問題》では、二つの相反する「気持ちA」「気持ちB」について、それぞれ「理由A」「理由B」を解答に入れるのだったね。**ここまでの内容をまとめておこうか。

「気持ちA」……人間のルールから逃れることへのあきらめ
「理由A」……ナラコウエンで生活するには人間のルールに従わねばならないから
⇔
「気持ちB」……野生のシカとして生きる世界へのあこがれ
「理由B」……天然記念物として人間に大切にされて生きてきたから

解答は「理由A＋気持ちA＋理由B＋気持ちB」の形で書くけれど、AとBについてはどちらが先でも構わない。ただ、**「気持ち」として強い方を後半に書くのが普通だね。**フレンドリーの気持ちとしては「あこがれている（B）けれど、あきらめている（A）」という感じだから、〈あきらめ〉の気持ちの方が強い。だから〈あきらめ〉の方を後半に書くといいね。また、設問では「どのような思い」なのかと聞かれているから、文末表現は「～という思い」、またはそれに類する「気持ち」を表す体言で結びたい。（解答のルール④　文末表現に注意する）

ト：――でも、フレンドリーって、なんだか切ないシカですね。
若：そうだね。

【問六／解答例】 天然記念物として生きてきたから野生のシカとして生きる世界にあこがれつつも、ナラコウエンで生活するには人間のルールから逃れることをあきらめなければならないという思い。（82字）

・・・

【問七／解説】
ト：この問題も《気持ち問題》ですね。
若：その通り。ただ、傍線部には直接「気持ち」が書かれていないので、**自分勝手な解釈にならないように注意して、本文から当然読み取れることを読み取らないといけない**。そこがこの問題の難しいところだ。まずは傍線部⑥、⑦、⑨の内容を丁寧に見ていこう。
傍線部⑥、⑦からわかることは、同じシカなのに、人間が勝手に天然記念物としてナラコウエンのシカを大切にしているということだね。
ト：「神様」をシカが運んできたという言い伝えは人間だけのもので、シカの間にはないとありますからね。
若：そうだね。さらに傍線部⑨からわかることは、そんな天然記念物として大切にされているシカの中にも「害獣」がいるということ。この「害獣」というのは大切な言葉だけど……これは何を指しているのだろうね？（**傍線部のルール❸ 傍線部内の指示語・比喩・わかりにくい表現は具体化して言いかえる**）
ト：「（人間に）めいわくをかけるシカ」（165行目）だと思います。

若：そうだ。そしてそんな害獣は収容所行きなわけだ。――つまり、〈人間の都合によってシカは天然記念物として大切にされたり、害獣として収容所に入れられたりする。〉これが傍線部⑥、⑦、⑨からわかることだね。これに対して「おれ」の言動から「気持ち」を読み取らなければならない。「おれ」の「人間」に対する「気持ち」が読み取れそうなところを探してみよう。

ト：次の（ア）～（エ）あたりだと思います。

（ア）アニキならどう言うだろう。（173行目）
（イ）人間をあなどるなよ。（173行目）
（ウ）人間の作るルールは想像以上に厳しいんだ。（173行目）
（エ）それに従えるか？（173行目）

若：そう、そこだね。アニキならきっとこう言うだろうと「おれ」は想像し、「おれ」はその意見に同意しているんだね。つまりこの部分は、アニキの言葉を借りた「おれ」の「気持ち」でもある。

ト：だから「おれ」は人間に対して……〈不信感〉や〈反発心〉を抱いている？

若：そう。そして今のように、**二つの「気持ち」を入れるのはおススメだね。**前にも一度やったけど、**解答に複数の「気持ち」を入れると、解答に広がりと深みが生まれるからね。**

ト：そういえば、思い出しました！　山口君との約束を破って、一人で虫をつかまえたときの気持ちの問題ですね。

若：その通り。ではトモヤ君、「おれ」が〈不信感〉や〈反発心〉を抱いている「理由」は？

ト：これはさっき考えたように、〈人間の都合によってシカは天然記念物として大切にされたり、害獣として収容所に入れられたりするから〉だと思います。因果関係を確認すると、〈人間の都合によってシカは天然記念物として

大切にされたり、害獣として収容所に入れられたりするから〈理由〉、不信感や反発心を抱いている。〈気持ち〉

となります。

若：それでいいでしょう。

ト：——ところで先生、ひとつ疑問があります。設問には「これらの部分（＝傍線部⑥、⑦、⑨）からは」とあるのに、傍線部⑥、⑦、⑨以外のところから解答の根拠を見つけてきてもいいのですか？

若：なるほど、そういう質問があるとは思わなかったね。——まず結論から言うと、それは全然構わない。なぜなら、文章というのは傍線部だけで成り立っているわけではないからね。傍線部はそれ以外の部分とも密接につながっている。だから当然、傍線部と関連の深い部分が傍線部以外のところにあれば、そこを解答の根拠にすることはあるよ。問四や問六もそうだったでしょう。ただし、設問に「これらの部分（＝傍線部⑥、⑦、⑨）からは」とあるのだから、傍線部⑥、⑦、⑨から読み取れることを中心に解答を作るべきだと思うよ。この問七もそんなふうに考えてきたよね。

ト：ああ、なんかすっきりしました。ありがとうございます。

若：では、「理由＋気持ち」で解答を作ろうか。

【問七／解答例】　人間の都合によってシカが天然記念物として大切にされたり、害獣として収容所に入れられたりすることへの不信感や反発心。（57字）

【問八／解説】

若：いよいよ最後だ。この《理由問題》はなかなかの難問だけれど、いままでやってきた通りに考えれば大丈夫。まずは傍線部⑪の理解から。「太鼓の音」とあるけれど、これは何を表していたのかを確認しよう。**傍線部のルール❹傍線部内の言葉と同じ言葉・似た言葉に注目する**より、「太鼓の音」が書かれているところを本文から探すよ。

ト：少し前にありました。「ドドドドはきっと太鼓だ。夏にも聞いた覚えがある。」（140行目）とあって、その直後にフレンドリーが「角切りだよ。何頭か仲間がつかまった」（141行目）と「おれ」に教えています。

若：そう。「太鼓の音」とは、人間によってシカの角切りが行われている音だね。では、なぜ「おれ」は角切りの音を「耳をすまして」聞いているのか。その「原因・理由」を本文から探っていこう。**傍線部のルール❶傍線部を含む一文は丁寧に読む**も意識して。

ト：これは傍線部⑪の前後からすぐに見つかります。

（ア）聞いていると泣きそうになって（191〜192行目）

（イ）どうしてもたえられない、と自らを奮い立たせる（192行目）

ここから二つの「原因・理由」が考えられると思います。

（ア）からは〈聞いていると泣きそうになったから〉。

（イ）からは〈どうしてもたえられない、と自らを奮い立たせるため〉。

若：見つけたところは正しいと思うよ。ただ、そのままでは解答として説明不足だね。**解答のルール①主語・述語・目的語のわかりやすい文にする**を使って、言葉を補おう。

（ア）〈聞いていると泣きそうになったから〉→何を聞いていると泣きそうになったのか？
（イ）〈どうしてもたえられない、と自らを奮い立たせるため〉→どんなことがたえられないのか？

ト：（ア）は、〈マルの声〉を聞いていると泣きそうになるということだと思います。
若：なぜ泣きそうになるんだろうね。
ト：それは……マルが別れるのが辛そうに声をしぼりだしていたから？
若：すると、いまの内容を補って（ア）〈聞いていると泣きそうになったから〉をわかりやすく言うと？
ト：え～と……〈別れるのが辛そうなマルの声を聞いていると泣きそうになったから〉（30字）となります。
若：ずっとわかりやすくなったね。（イ）も同じようにやってごらん。
ト：（イ）については、どんなことがたえられないかというと……マルの声を聞いていること、ですかね。
若：……本当にそうかな？
ト：え、違いますか？
若：そうか。ここがちょっと難しいところだね。「奮い立たせる」（192行目）というのは、心を励まして勇気を出させるといった意味だ。ではなぜ「おれ」は自分の心を励まして勇気を出させなければならないのだろう？　それは、

「行くよ」（176行目）
「元いたところへ」（180行目）

といったところからわかるように、「おれ」はナラコウエンを出ていこうと決意しているんだ。なぜかといえば、

「角をうばわれるなんて、オスとしてこんなにはずかしいことはないじゃないかっ」（155行目）
「痛いからイヤだとか、痛くないから平気だとか、そんな話をしてるんじゃないんだよ！」（171行目）

　あたりからもわかるように、「おれ」にとって角を切られることは絶対にたえがたいことだからだよね。そしてこのあたりからは人間に対する「気持ち」も読み取れる。

ト：……〈人間への反感〉ですか？

若：そうだろうね。でも、マルの辛そうな声を聞いていると泣きそうになり、ナラコウエンを出る決意が揺らいでしまうかもしれない。だから人間がシカの角切りをする「太鼓の音」を聞くことによって、角を切られることだけは我慢できないという気持ちや人間への反感を思い出し、決意を鈍らせないようにしたんだろうね。

ト：ああ……なるほど。

若：したがって、いまの内容を補って（イ）〈どうしてもたえられない、と自らを奮い立たせるため〉をわかりやすく言うと、〈マルの声を聞いているとナラコウエンを出る決意が揺らぎそうになるが、太鼓の音を聞くことで、人間に角を切られることのたえがたさや人間への反感を思い出し、揺らぐ決意を奮い立たせようとしたから〉（92字）ということになる。

ト：かなりしっかり……字数関係なく補っていく感じでいいんですね。

若：以前にも話したと思うけど、解答の原案を作るときはこんなふうに、**解答に入れる要素を多めに書き出しておく方がいいんだ。**最後に解答として整えるときに削ればいいからね。**少ない要素を引き延ばして解答を作るのではなく、多めの要素を圧縮して解答を作るイメージでいくのがいい。**

ト：はい。これは特に繰り返し教わったことですから、忘れないようにします。

若：さて、念のために因果関係も確認しよう。

〈別れるのが辛そうなマルの声を聞いていると泣きそうになったから（原因・理由）、おれは耳をすまして、太鼓の音を聞いた（結果）〉
〈マルの声を聞いているとナラコウエンを出る決意が揺らぎそうになるが、太鼓の音を聞くことで、人間に角を切られることのたえがたさや人間への反感を思い出し、揺らぐ決意を奮い立たせようとしたから（原因・理由）、おれは耳をすまして、太鼓の音を聞いた（結果）〉

ちなみに物語文の《理由問題》には「気持ち」も入れるけれど、すでに「気持ち」を表す言葉が入っているから、これ以上追加する必要はないね。あとはいまの二つをうまくつないだり、言いかえたりして、解答として整えればいい。

【問八／解答例】 マルの声を聞いていると泣きそうになり、ナラコウエンを出る決意が揺らぐので、太鼓の音を聞くことで角切りのたえがたさや人間への反感を思い出し、揺らぐ決意を奮い立たせようとしたから。（88字）

□□詩の解き方——詩の世界に同化して解答を作る□□

若：さて、最後に「詩」を扱っておこう。現在、「詩」を入試に出題する学校は少ないんだけど、一方で、毎年のように出題する学校もある。

　そもそも「詩」とは何か？　広辞苑によると「風景・人事など一切の事物について起こった感興や想像などを一種のリズムをもつ形式によって叙述したもの」とある。わかるかな？

ト：う～ん、よくわかりません。そもそも「感興」って何ですか？

若：感興というのは「興味を感ずること」とか「面白がること」という意味だ。つまり、「詩」というのは、詩を作る人が興味関心を持ったり想像したりしたことを書き表したものということだね。別の言い方をすれば、「作者がこの世界から受けた感動や、作者が作り出した想像世界を言葉で表したもの」とも言えるんじゃないかな。そういう意味で言えば、**「詩」とは「作者が言葉で作り出したもうひとつの世界」**なんて考えることもできるね。

ト：「作者が言葉で作り出したもうひとつの世界」か……。なんとなくわかる気がします。

若：ということはだよ、トモヤ君。詩で使われている言葉というのは、私たちが日常で使っている言葉とは少し違うということだ。

ト：どうしてですか？

若：だって、詩は「作者が言葉で作り出したもうひとつの世界」なんだ。詩の言葉の一つ一つには作者独自のイメージが込められているんだよ。

ト：ああ、そうか。……だから詩の言葉はどこか独特で、わかりづらかったりするんですね。

若：そう。だから詩を読むときは、普通の文（散文）とは違う読み方をする必要があるんだ。

ト：どうすればいいんですか？

若：コツは二つある。一つは、**詩の世界に入り込んで読むこと。つまり、詩に登場する人物や物になりきって読むことだね。**これを私は勝手に「**同化**」と呼んでいる。自分の気持ちを元にして、登場人物を自分の分身であるかのように読む「感情移入」とは全く違うよ。「自分の気持ち」とは関係なく、自分が詩の世界の言葉そのものになったつもりで読む。これが「同化」だ。自分勝手な読者の目で見ていては読み違えてしまうからね。

ト：それって「物語文」の読み方にも通じるところがありますね。

若：そういうところはあるね。「物語文」よりもいっそう詩の世界の人物や物そのものになりきる必要がある。

そして二つ目のコツは、**五感を働かせて読むこと**。五感というのは、視覚、聴覚、嗅覚、味覚、触覚の五つの感覚のことだ。詩を読むときは詩の言葉を通して、見えるもの、聞こえるもの、匂うもの、味わうもの、皮膚に触れるものをよく感じよう。そうしないと詩の世界をしっかり感じ取ることができない。

ト：わかりました。まとめると、

①**詩の世界に同化する（詩に登場する人物や物になりきって読む）。**

②**五感を働かせて読む。**

ですね。

若：では、詩の問題をひとつやってみようか。

【練習問題12】 次の詩を読んで、あとの問いに答えなさい。（二〇一五年　筑波大学附属駒場中・改）

なれ

アーサー・ビナード

上着をぬいでハンガーにかける。
なにごともなかったかのように
上着は針金のハンガーに
自分をあわせる。
が、袖《そで》のあたりが
なんともさびしい。

上着をきこんで出かける。
さも、ずっといっしょだった
みたいに、上着はぼくを
むかえ入れてつつむ。
が、衿《えり》のうしろのほうに
しこりが、のこっている、
肩《かた》のあたりにも。

横断歩道でまっているあいだ
ぼくは自分を
少しハンガーに
にせようとする。
上着はそれに
気づかぬふりをしながら
きげんをなおす。

（『ゴミの日』〈理論社〉より）

問一　第5～6行目で、この時の上着はなぜ「さびしい」気持ちになったのですか。（40字～50字）

問二　第11～13行目で、上着はどのような気持ちですか。（40字～50字）

問三　第14～17行目で、「ぼく」は上着に対してどのような態度でいますか。（40字～50字）

【問一／解説】

若：これは《理由問題》だね。

ト：え、「詩」の記述問題もいままでと同じ考え方でいいのですか？

若：もちろん、それで構わない。「上着は『さびしい』気持ちになった」が「結果」だ。

ト：ああ、なんかほっとしました。

若：よし。ではここは、**上着に同化して考えてみよう**。つまり、上着になりきってみるんだ。「詩」だからといって、勝手に想像して解けばいいというわけじゃないよ。「詩」は言葉が少ない分、その少ない言葉から正確に読み取らなければならないんだ。

ト：自分勝手な考えをなるべく入れないためですね。

若：その通り。まず、「上着」というわけだから、Tシャツなどではなさそうだ。長袖のジャンバーとかジャケットとか、そういう「上着」をイメージしていこう。

　季節はどうだろう？　少なくとも夏ではないね。

ト：「上着をきこんで」（7行目）とあるので、少し寒い季節ですね。

若：ただし「コート」ではないので、秋か初冬のころ、肌寒さを覚えるような季節をイメージするのがいい。季節感が問題に直接反映するかどうかは別だけれど、詩の世界に同化するにはやはり役に立つよ。

　さて、「が、袖のあたりが／なんともさびしい。」（5〜6行目）だけど、それまで「ぼく」が上着を着ていたわけだから、上着の袖からは「ぼく」の手が出ていたんだね。それがいまや上着は針金のハンガーにかけられているので、袖から「ぼく」の手は出ていないし、「ぼく」の手が抜けてしまった上着の袖は、だらりと垂れさがっている。そんな状態だ。ここを踏まえて考えてみよう。なぜ上着は「さびしい」気持ちになったのだろう？　**上着になりきってみると。**

ト：それは……「ぼく」と離れ離れになってしまったから、ですか？

若：そうでしょう。そして「ぼく」に着られているときはどうだったんだろう？　**五感を働かせてみると。**

ト：「ぼく」に着られていたわけだから……温かい感じ？

若：そうだ。「ぼく」の体の温もりを感じていたのでしょう。それがいまは、冷たい針金のハンガーにかけられて、クローゼットかどこかにかけられている。それは「さびしい」（6行目）よね。

ト：なるほど。そうやって**同化**するわけですね。

若：そう。**自分で解くときは、いまのようなことを自問自答するのがいい。**

　では、確認しておこう。ここまで出た「原因・理由」は大きく二つ。

〈「ぼく」と離れ離れになってしまったから〉
〈冷たい針金のハンガーに掛けられ、「ぼく」の温もりを感じられないから〉

次のようにつないでみても、因果関係は正しいことがわかるね。

〈「ぼく」と離れ離れになってしまったから（原因・理由）、上着は「さびしい」気持ちになった（結果）〉
〈冷たい針金のハンガーにかけられ、「ぼく」の温もりを感じられないから（原因・理由）、上着は「さびしい」気持ちになった（結果）〉

【問一／解答例】 冷たい針金のハンガーにかけられて「ぼく」と離れ離れになり、その温もりを感じられなくなったから。（47字）

…………………………………………

【問二／解説】

ト：《気持ち問題》ですね。「理由＋気持ち」で書きます。

若：その通り。さて、第二連で、上着は再び「ぼく」に着られて出かけることになる。このときの上着の「気持ち」は？

ト：もちろん、〈うれしい〉！

若：そうだよね。ただ、「さも、ずっといっしょだった／みたいに、上着はぼくを／むかえ入れてつつむ。」（8〜10行目）とある。では、ここでの上着はどんな「気持ち」だったろうね？

ト：う〜ん。

若：「さも、ずっといっしょだった／みたいに、」だから、実際はちがうわけだよね。問一で考えたように、上着は「さびしい」気持ちだった。だからこそ上着は、そんな「さびしい」気持ちを表に表さず、「さも、ずっといっしょだった／みたいに、」出かけたわけでしょう。この気持ち、上着は単純に〈うれしい〉だけじゃないよね。

ト：え、どういうことですか?

若：たとえば、トモヤ君がいつも遊んでいる友達が、昨日は別の子と遊んでいた。なんとなくさびしいよね。面白くないよね。でも、今日はまた遊んでくれた。トモヤ君は昨日のさびしさや不機嫌を表に出して、友達のことを責める?

ト：たぶん……いや、きっと責めないと思います。

若：そうでしょう。むしろ昨日のさみしさの分だけ、一緒に遊ぶうれしさ、楽しさが増すでしょう。ここでの上着はまさにそれと同じ気持ちだよね。「ぼく」と離れて「さびしい」気持ちだっただけに、喜びもひとしおなんだと思う。

ト：ああ、わかる気がします。

若：ただ、「が、衿のうしろのほうに／しこりが、のこっている、／肩のあたりにも。」（11～13行目）とあるように、しばらく針金のハンガーにかけられてついた跡、つまり「しこり」が残っているんだね。「しこり」とは、「筋肉がこって硬くなった部分」という意味もあるけれど、「人間関係上のわだかまり、気まずい気分」といった意味でも使われる。ここではむしろ後者の意味ではないかな。〈うれしい〉という気持ちがありつつも、どこか素直になれない。どこかで、「ぼく」に放っておかれたことへのわだかまりがあるんだね。「きげんをなおす」（20行目）とあることからも、上着は機嫌を損ねていた部分もあるわけだ。

ト：つまり、「気持ち」としては〈わだかまり〉〈不機嫌〉ですね。その「理由」が〈しばらくハンガーにかけられていたから〉。

若：そう。ではここまでをまとめると大きく二つ。《気持ちの葛藤の問題》と考えることもできるね。「理由Ａ＋気持ちＡ＋理由Ｂ＋気持ちＢ」で書けばいい。

「理由Ａ＋気持ちＡ」・・・〈再び「ぼく」に着てもらったから、うれしい〉

「理由Ｂ＋気持ちＢ」・・・〈しばらくハンガーにかけられていたから、わだかまりがあり不機嫌〉

設問では第11～13行目における上着の「気持ち」を聞いているのだけど、第11行目の「が、」というのは、第8～10行目の〈うれしさ〉もあるが、という意味だから、両方の気持ちを入れるのがいいね。

【問二／解答例】　再び「ぼく」に着てもらえたうれしさと、しばらくハンガーにかけられていたことへのわだかまりや不機嫌。（49字）

【問三／解説】

若：今度は「ぼく」に同化して読む問題だ。設問には「どのような態度でいますか」とあるけれど、これは《気持ち問題》と同じように考えていい。

ト：「少しハンガーに／にせようとする。」（16～17行目）とありますが、ここがどうもわかりません。

若：なぜ「ぼく」はこんなことをするのか、ということだね。――トモヤ君、「ぼく」が上着に謝っているのはわかるかな？

ト：う～ん、なんでだろう。

若：**詩の問題も論説文や物語文と同じく、本文主義だよ。あくまで「本文にどう書いてあるか」から読み取らないといけない。**ただそれは、逆に言えば、本文から読み取れる範囲で答えればいいということ。詩の場合、言葉が少ないだけ、読み取りが難しいというのは確かにあるけどね。――トモヤ君、「上着はそれに／気づかぬふりをしながら／きげんをなおす。」（18～20行目）という部分を見てごらん。「それ」とは「少しハンガーに／にせようとする。」ことに謝罪の気持ちを感じて、「きげんをなおす。」わけだね。

ト：ああ、なるほど。

若：ただ、どうして「ぼく」は上着に謝るのに、「少しハンガーに／にせようとする。」なんてことをしたのかだね。**ここは五感、特に視覚を働かせて考えよう。**「衿のうしろのほうに／しこりが、のこっている、／肩のあたりにも。」（11～13行目）とあるように、上着にはこのとき、「しこり」――つまり、ハンガーの跡が残っているんだよね。では、「ぼく」がハンガーににせるとどうなるんだろう？

ト：「ぼく」がハンガーの形みたいになるってこと？

若：そう、そう。頭の中にそのイメージを思い浮かべてごらん。――ハンガーににせるというのは、上着のしこりに「ぼく」の体を合わせるということでしょう。そうしてハンガーの跡として残っている「しこり」を少しでも和らげようとしたということでしょう。

ト：ああ、そうか！　ハンガーににせれば、ハンガーの跡に体が入りますね。**視覚を使って、そういう映像を思い浮かべることが大事なのですね**。

若：そうだね。だからこのときの「ぼく」の「態度」としては、〈ハンガーの「しこり」を和らげることで上着に謝ろうとする態度〉（29字）あたりが適当ではないかな。では、その「理由」は？

ト：〈損ねてしまった上着の機嫌を直したいから〉（19字）というのはどうですか？

若：よし。それでいこう。〈損ねてしまった上着の機嫌を直したいから（理由）、ハンガーの「しこり」を和らげることで上着に謝ろうとする態度（気持ち）〉となるから、因果関係も大丈夫だね。

【問三／解答例】　損ねてしまった上着の機嫌を直したいから、ハンガーの「しこり」を和らげることで上着に謝ろうとする態度。（50字）

【練習問題13】次の詩を読み、後の問いに答えなさい。（二〇一四年　開成中・改）

しんじゅのぎょうれつ

まど・みちお

じいちゃんとおふろに入ったとき
ぼく　おならが出ちゃった
くすぐったくて　おもしろくって
あはあは　わらった

ばんごはんのとき　そのはなし
ぼくがすると
にんげんのからだから出てくるものが
あんなに美しいんだからなあ…
とじいちゃんが　ためいきをついた

そんなにほめたらおならが
きょうしゅくしますよとパパがわらい
ぼくもママも大わらいした

だがじいちゃんはまたじまんした
いやあれは　ほんとに
しんじゅのぎょうれつだったぞう！　と
まるでおならがぼくとおなじに
じぶんのまごでもあるかのように…

問　第四連に「しんじゅのぎょうれつだったぞう！」とありますが、このように言ったとき、「じいちゃん」はどのような気持ちだったと思いますか、説明しなさい。（35字〜45字程度）

【解説】

若：いよいよ最終問題だ。

ト：え、もう終わりなんですか！　長かったような、短かったような……。

若：じゃあ、もっとやるかい？

ト：いやあ――でもこれで終わって本当に大丈夫かなって、不安はあります。

若：そうか。でもね、最初と比べればずいぶんできるようになったと思うよ。ここまでやってきたから、かなり身についたんじゃないかな。

ト：そうだといいんですが。

若：では、最終問題も、いつもと同じようにいってみよう。まず、この問題のパターンは？

ト：《気持ち問題》です。

若：ＯＫ。では、どう書いていく？

ト：「理由＋気持ち」。

若：その通り。ではトモヤ君、この問題で、ダメな解答はどんな感じだと思う？

ト：う～ん、「しんじゅのぎょうれつだったぞう！」というのは、比喩ですよね。比喩だから……ああ、比喩を比喩のまま答えてしまうとかかな？

若：うん、うん、それで？

ト：だから、たとえば〈おならがしんじゅのぎょうれつみたいに美しいと思った。〉というような答えはダメだと思います。

若：そうだね、それじゃダメだね。比喩というのは比喩で表されていることそのものを言いたいわけじゃない。比喩を通してほかの何かを言いたいときに使うものだ。

ト：**解答のルール② 指示語・比喩・わかりにくい表現は具体化して言いかえる** ですよね。

若：もうルールもばっちりだね。するとこの問題のポイントは、比喩を通して、「じいちゃん」が「おなら＝しんじゅのぎょうれつ」をどうとらえているか、ということでしょう。本文のどこから読み取れるかな？

ト：このあたりかなと思うのですが。

（ア）にんげんのからだから出てくるものが／あんなに美しいんだからなあ…（7～8行目）

（イ）またじまんした（13行目）

（ウ）まるでおならがぼくとおなじに／じぶんのまごででもあるかのように…（16～17行目）

若：そうだね。そこからどんなことがうかがえるかな。特に「じいちゃん」にとって「ぼく」はどんな存在なんだろう？ **じいちゃんに同化して考えてみよう**。

ト：小学生がおじいさんに同化するのは難しいなあ……。「美しい」「またじまんした」「まるでおならがぼくとおなじに」「じぶんのまご」――あ、そうか。「じいちゃん」にとっておならは、孫である「ぼく」と同じように美しくて、じまんしたい存在なんですね。

若：そう、その通り！　でもね、「じいちゃん」は本当に、おならのことだけをじまんしたかったのかな？　もうここまで一緒にやってきたから、トモヤ君にもこれくらいわかるようになったでしょう。

ト：ああ、なるほど、そういうことか！――「じいちゃん」はおならもそうだけど、自分の孫である「ぼく」のことをじまんしたいんですね！　おならが美しく感じられてしまうほど、じまんの孫である「ぼく」に強い愛情を覚えている。先生、そうですよね？

若：そうだ、「じいちゃん」に同化するということは、そういうことだね！　そして、これは「気持ち」を答える問題だから、このときの「じいちゃん」の気持ちを読み取ると？

ト：〈孫に強い愛情を覚えている〉はどうですか？

若：うん、いいだろうね。それでいこう。――ところで、トモヤ君。「しんじゅのぎょうれつ」って、どんなおならだろうね？　**いいかい、よく五感を働かせるんだよ。**おならだから、ここでは五感のうち、視覚、聴覚、嗅覚あたりかな？

ト：視覚でいえば、それは……あぶくがぶくぶくと連続してつながっているような……。

若：数珠つなぎなんて言葉があるけどね、ああいう、勢いのある、元気なおならだね。

ト：聴覚……音も元気な感じですね！　嗅覚は……おならの臭いにおいだ！　おならが、まるで生きている感じがしますね！

若：そう、その調子！

ト：ああ、そうか。そういう元気なおならの感じがまた、孫の「ぼく」が元気に生きている感じと……。

若：そう、そういうことでしょう。

ト：すると、〈孫に強い愛情を覚えている〉という「気持ち」の「理由」としては――〈おならのあぶくの連続に、じまんの孫が元気に生きていることを感じたから〉というのはどうですか？　因果関係を確認しても、〈おならのあぶくの連続に、じまんの孫が元気に生きていることを感じたから（理由）、孫に強い愛情を覚えている。（気持ち）〉

となるので、正しいと思います。

若：トモヤ君。よくできるようになったね。これだけできるようになればもう大丈夫だ！

ト：はい。ありがとうございました！

【解答例】　おならのあぶくの連続に、じまんの孫が元気に生きていることを感じ、強い愛情を覚えている。（43字）

付録：ルールのまとめ

■解答のルール（＝わかりやすい解答にするためのルール）

① 主語・述語・目的語のわかりやすい文にする

② 指示語・比喩・わかりにくい表現は具体化して言いかえる

③　具体例は抽象化して言いかえる
④　文末表現に注意する

■傍線部のルール（＝傍線部を理解するためのルール）

❶　傍線部を含む一文は丁寧に読む
❷　傍線部はいくつかの部分に分けて考える
❸　傍線部内の指示語・比喩・わかりにくい表現は具体化して言いかえる
❹　傍線部内の言葉と同じ言葉・似た言葉に注目する
❺　傍線部内に省略された主語・述語・目的語を補う

■記述問題のパターン

(1)　**言いかえ問題**＝傍線部の言葉を別の言葉でわかりやすく説明する問題
(2)　**理由問題**＝ものごとの因果関係を説明する問題
(3)　**まとめ問題**＝ものごとの違いや共通点、またはその内容をまとめる問題
(4)　**気持ち問題**＝人物の気持ちやその変化を説明する問題

◆著者プロフィール◆

若杉朋哉（わかすぎともや）

1975年、東京都生まれ。
埼玉県立浦和高等学校、慶應義塾大学文学部哲学科卒。
記述問題対策に特化した中学受験国語専門塾「若杉国語塾」代表。
趣味は俳句。

中学受験国語
記述問題の徹底攻略
改訂版

2019年 9 月 20日　初版第 1 刷発行
2022年 2 月 11日　初版第 6 刷発行
2023年 2 月 20日　改訂版第 1 刷発行
2023年11 月 10日　改訂版第 2 刷発行

著　者　若杉朋哉
編集人　清水智則　発行所　エール出版社
〒101-0052　東京都千代田区神田小川町 2-12　信愛ビル 4 F
電話　03(3291)0306　　FAX　03(3291)0310
メール　edit@yell-books.com

＊乱丁・落丁本はおとりかえします。

＊定価はカバーに表示してあります。

ISBN978-4-7539-3538-3